社会人基礎力を鍛える

新人研修ワークブック

第2版

山﨑 紅
著

JN092595

日経BP

はじめに

本書のねらい

　本書は、「これ一冊あれば、新入社員研修として最低限必要なことが学べる」というコンセプトで、新卒の新入社員、あるいは、卒業後数年以内の若手新入社員の皆さんに、社会人として、その組織の一員として、必要な知識や能力を学んでいただくテキストです。「大切な新人を、しっかり育成して戦力にしたい」―それはどこの企業でも同じ思いでしょう。一方で、企業によって、新人研修のやり方はさまざまです。数か月にわたる研修を行っている企業もあれば、現場で先輩の背中を見て学ぶのが中心というところもあります。教育部門が独立してある企業ばかりではなく、総務部や人事部の方が他の業務をこなすかたわらで教育担当者を兼務し、手探りで行っているところも多いのが現状です。本書は、新人研修でお悩みの教育担当者、十分な新人研修がないまま現場に飛び込む新人、両方の皆様のためにあります。教育部門や教育専任者がいなくても新人研修がひととおりできる、新人研修がなくても自分でひととおり学べる、を実現します。

　何事も最初が肝心です。入社時の早い段階で、自社の経営理念やビジネスについて理解し、社会人として必要な知識や能力を学び、早く一人前になって活躍していただきたいと思います。新人の皆様の社会人としての第一歩を支援することができたら幸いです。

山﨑　紅

本書の特徴

　本書は、「これ一冊あれば、新入社員研修として最低限必要なことが学べる」を実現するために、以下の工夫をしています。

● 一般的な新人研修の流れを網羅する

　自社理解にはじまり、ビジネスマナーやビジネスコミュニケーション（メール・文書・電話・面談）、社会人基礎力、現場で学ぶときの注意点（社内見学・同行学習・現場実習）、新人研修のまとめ、配属後のフォローまで、すべて網羅しています。

● 企業独自の内容は学び方を解説する

　自社理解や現場で学ぶ部分は、企業独自の内容なので、一般的な考え方を簡単に解説するにとどめ、自社内にある情報を調べたり、上司・先輩・教育担当者に聞くなど、学び方を解説し、実習いただくようになっています。

● 共通の内容は詳しく解説する

　ビジネスマナー、ビジネスコミュニケーション、社会人基礎力など、どこの企業の新入社員でも共通の内容は、他の教材を使わずにこの一冊で完結できるように詳しく解説しています。

　ひとりで学習することもできますし、企業内の教育担当者のリーディングによって複数名で新人研修を行うときのテキストにも使えます。それぞれの場合の使い方を、次ページで解説していますので、ぜひご活用ください。

本書を使って新人研修を実施する教育担当者の皆様へ

　本書は、教育部門や教育専任者の方でなくても、最低限必要だと思われる新人研修の企画・実施ができるように、以下の支援教材を Web サイトからダウンロードできます。

https://bookplus.nikkei.com/atcl/catalog/21/S70020/

　※ファイルのダウンロードには日経 ID および日経 BOOK プラスへの登録が必要になります（いずれも登録は無料）。

● 講義の手引き

　本書を使って、新人研修を企画されるときに参考になる新人研修全体スケジュール例や、教育担当の方に向けて、各章・各節の講義の進め方やポイント、貴社で用意する必要がある資料は何か、などを解説しています。貴社で新人研修に充てられる日数や期間によって、どういうスケジュールで、どういう講義内容で、研修を企画・実施したらよいかを考えるためにご活用ください。

● 講師用投影資料

　どの企業でも共通の内容になる講義部分は、講師用の投影資料を PowerPoint プレゼンテーションでご提供します。

● シート類

　講義のなかで使用する各種のシートは、Word 文書でご提供します。必要に応じて、新人研修対象者に配布してご使用ください。

● やってみよう解答例

　本書で、「やってみよう」という問題を解いていただく部分があります。

　その解答例をご提供します。

● 若手スキルチェックシート

　新人研修後、3 年間を目安に、上司のリーディングによって新人の育成をフォローアップすることを想定して、本人の成長度合いを定期的にチェックするツールを Excel シートでご提供します。必要に応じて、新人研修対象者に配布してご使用ください。

1 年後	2 年後	3 年後
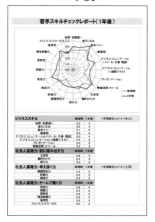	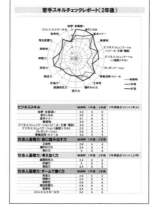	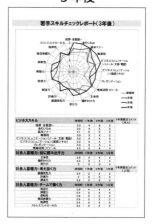

本書を使って自主学習する新人社員の皆様へ

　本書は、入社した企業に新人研修がなくても、最低限必要だと思われる知識や能力を自主学習できるように、各章・各節を構成しています。

- 節タイトル　　　　　　　その節で学習するテーマ名です。
- ポイント　　　　　　　　節のタイトルの下に、囲み枠で学習ポイントを記載しています。
- ケーススタディ　　　　　（4章のみ）会話形式の事例で考えるきっかけを提供します。
- 本文　　　　　　　　　　どの企業でも共通の考え方や、基本知識などを解説します。
- 考えてみよう　　　　　　随所に皆様自身に考えていただくワークがあります。
- 調べてみよう　　　　　　随所に皆様自身に調べていただくワークがあります。
- やってみよう　　　　　　随所に皆様自身にやっていただくワークがあります。
- ヒント　　　　　　　　　「やってみよう」に取り組むために必要なヒントです。
- 自己チェックしよう　　　（4章のみ）能力レベルを Yes/No で簡易チェックします。
- こんな○○は NG　　　　　理解を助ける目的で、よくない例を挙げています。
- まとめ　　　　　　　　　知識や能力を強化する節で、最後にポイントを記載しています。

　前ページにあるとおり、各種の支援教材をご用意しています。自主学習する場合も参考になりますので、ご活用ください。

　なお、随所に上司や先輩に指導・協力いただく部分がありますので、学習を開始する際に、上司や先輩に相談をして、指導・協力をお願いすると進めやすくなります。ぜひ、積極的に相談して、コミュニケーションしながら学習してください。

注意事項

　本書の Web サイトからダウンロードいただける支援教材は、本書を 1 人 1 冊使用して新人研修していただくことを条件に使用許諾します。その場合、お客様のご事情に合わせて、加工・編集いただいても構いません。Word/Excel/PowerPoint のデータ類は、Microsoft Office 2019 で作成しています（拡張子 .docx/.xlsx/.pptx）。お客様の PC 環境その他により正常に動作しない場合があります。日経 BP および著者はその動作保証、および、加工・編集に際しての質問対応はいたしませんので、予めご了承のうえご活用ください。

新人研修ワークブック　第2版

目次

第 **1** 章 なぜ働くのか?

　社会人になって職業に就いて働く－当たり前のようですが、一人ひとり働く理由はさまざまでしょう。入社が決まった皆さんは、自分はなぜ働くのか、考えたことがありますか?

　第1章では、新入社員研修カリキュラムに入る前に、社会人としての心構えを確認するとともに、働く理由について考えます。自分はどう生きたいのか、仕事をとおして何を得たいのか、そのためにどうしたらよいのか、じっくり自分と対話してみましょう。

1.社会人としての心構え
2.人生設計とキャリアデザイン

1. 社会人としての心構え

● 多様な人々と協力する、役割を果たして貢献する、仕事をとおして成長する
● 学生と社会人の違いを考えて、自分を変えるポイントを意識しよう

これから社会人になる皆さんは、今までの学生生活から新しい環境に飛び込むことに対して、期待とともに不安を感じているかもしれません。小学校から中学、中学から高校と、新しい学校へ進むときも大きな変化がありますが、学生から社会人になる変化はさらに大きいものです。**社会人としての心構え**を学び、**具体的に何が変わるのか**、考えてみましょう。それによって、これから自分がどう対応したらよいかわかります。

(1)3つの心構えとは

社会人としての心構えとは、社会に出て仕事をするときに持ってほしい基本的な考え方です。

以下の3つの心構えを持ちましょう。

● 多様な人々と協力する
● 役割を果たして貢献する
● 仕事をとおして成長する

なぜこの3つが重要なのか、学生と社会人の違いを考えると理解しやすいでしょう。

基本的なことでは、**生活リズム**、**身だしなみ**や**言葉遣い**が変わります。関わる人々が多様になり、**役割や責任**が変わります。学んで成長するという点では、学生であろうと社会人であろうと同じですが、学びが生活の中心である学生と違って、社会人は働きながら仕事をとおして成長します。

(2)生活リズム・身だしなみ・言葉遣いが変わる

学生と社会人では、**生活リズム**が変わります。学生、特に、大学や大学院まで進学した人は、自由に使える時間が多い生活に慣れているでしょう。1週間の履修スケジュールは自分で決めるし、朝が遅い曜日もあるかもしれません。休みが多いので、長期の旅行にも出かけやすいでしょう。

一方、社会人になると、組織によって違いはありますが、拘束される時間が増えることは確かです。フレックス勤務を導入している企業もありますが、勤務時間が決まっており、早出や残業がある場合も少なくありません。これから自分が働く組織の勤務時間が、これまでの生活リズムと大きく違う

場合は、早く慣れるための準備や工夫が必要です。

　身だしなみや**言葉遣い**も、業界や企業によって厳しさの度合いは違いますが、相手に不愉快な思いをさせず、信頼してもらうために、ビジネスマナーに則った身だしなみや言葉遣いが求められます。

（3）関わる人が変わる

　学生は、日ごろ関わる人の多くは同世代の友人です。部活やサークル、アルバイト、ボランティアなど、さまざまな活動をしている人は違う世代の人とのコミュニケーションに慣れているかもしれませんが、日ごろ接する大人は先生だけという人もいるでしょう。社会人になると、仕事内容によって違いはありますが、学生に比べれば、つきあう人々が多様になります。**文化圏**、**育った環境**、**専門分野**、**立場**、**世代**が違う人々とコミュニケーションして、協力して仕事を進めるには、**違いを受け入れ**、**理解しようとする姿勢**を持つことが必要です。

（4）役割や責任が変わる

　学生であろうと社会人であろうと、社会の一員として負うべき役割や責任は等しくあります。それに加えて、学生であれば、学校に在籍して学ぶ人としての役割や責任、社会人であれば、組織に所属して働く人としての役割や責任があります。学生は、自分の目的のために、学校に入学し、授業料を払って授業を受けます。教育を受けるのは権利であり、義務ではありません。人に迷惑をかけなければ、自己責任で留年しようと退学しようと自由です。一方、社会人は、所属している**組織から期待される役割**を果たし、**貢献する責任**があります。お給料という対価をもらう以上、組織のルールを守り、対価に見合った働きが求められます。皆さんがもらうお給料は、直接的には企業が支払いますが、その先にはお客様や社会があります。**企業が提供する価値**に対して、お客様が対価を払ってくれるから、社会が認めてくれるから、企業は利益を上げ、皆さんにお給料を払えるのです。「働かざる者食うべからず」というと極端ですが、役割を果たし貢献する責任の重さは、肝に銘じておきましょう。中途半端な気持ちで働くと、周囲の人に迷惑をかけます。

（5）学び方が変わる

　学びが中心の学生と違って、社会人は仕事をしながら学びます。職業によって、知識として習得すべき事柄もありますが、仕事を行う能力のほとんどは、**仕事の経験をとおして体得**します。それは、専門的な知識やスキルだけでなく、仕事に対する姿勢、覚悟、自分を信じる気持ち、といったマインドの強化にもつながります。**仕事をとおして成長しよう**という気持ちで臨めば、学びのポイントは至るところにあります。

人生100年時代を生きる「学び方」

　人生100年時代といわれる今、政府は平成29年12月8日に閣議決定された「新しい経済政策パッケージ」のなかで、「人生100年時代においては、これまでのような、高校・大学まで教育を受け、新卒で会社に入り、定年で引退して現役を終え、老後の暮らしを送る、という単線型の人生を全員が一斉に送るのではなく、**個人が人生を再設計し、一人ひとりのライフスタイルに応じたキャリア選択を行い、新たなステージで求められる能力・スキルを身につけることが重要**である。また、人工知能などの技術革新が進むなかで、**生涯を通じて学び直しを行うことが必要である。**」と述べています。変化が激しい現代において、学生時代や入社後の若手時代に習得した能力・スキルだけで一生通用することはまれだということです。技術革新によって仕事のやり方がガラッと変わったり、その仕事自体が不要になったり、転職や再就職で仕事が変わるなどして、新しい能力・スキルを一から習得しなければならないこともあるでしょう。**社会人になっても学び続ける**ことが重要なのです。

　学び続けるのは簡単ではありません。しかし、長い人生のなかで自分のライフスタイルは変化しますから、その時に合った働き方を選べるように学び続けて、**自分の能力・スキルを磨いたり、新しい能力・スキルを手に入れたり**していくことが大切です。

　また、政府は、育児、介護、家族の看護、病気やけがの療養、その他の事情によっていったん仕事から離れた人も、再び働きたいと思ったときにチャレンジできる社会を目指しています。**社会人の学び直しを支援する教育**（リカレント教育）の整備を積極的に推進していますので、将来、必要に応じて活用するとよいでしょう。

考えてみよう

　学生と社会人は、何が違いますか？

　さまざまな観点から、自分自身について考えてみましょう。人によって変わることもあれば、変わらないこともあります。具体的な例があれば、それも書き出しましょう。

● **生活リズム**

　起床時間、就寝時間、食事時間、休暇など、あなたの時間の使い方はどう変わりますか？

<学生（これまで）>

<社会人（これから）>

● **身だしなみや言葉遣い**

　服装、髪型、持ち物、化粧など、あなたの身だしなみはどう変わりますか？

　あなたの言葉遣いは、どう変わりますか？

<学生（これまで）>

<社会人（これから）>

● **関わる人々**

日々の活動をとおして、あなたが関わっていく人々はどう変わりますか？

＜学生（これまで）＞

＜社会人（これから）＞

● **役割や責任**

あなたの役割や責任は、どう変わりますか？

学生から社会人になっても続く役割や責任もあれば、社会人になって加わる役割や責任もあります。

＜学生（これまで）＞

＜社会人（これから）＞

● **学び方**

あなたの学び方は、どう変わりますか?

<学生（これまで）>

<社会人（これから）>

● **自分を変えるポイント**

現時点で予測できるさまざまな変化に対して、自分が意識して変えるポイントは何ですか?生活リズム、身だしなみや言葉遣い、関わる人々、役割や責任に対する考え方や行動、学び方などの観点で整理した変化に対して、社会人として「特にこれに気を付けよう」「ここを意識的に変えよう」と思うことを書き出しましょう。また、どうやって変えるか、具体的な方法（あなた自身の行動）を考えてください。

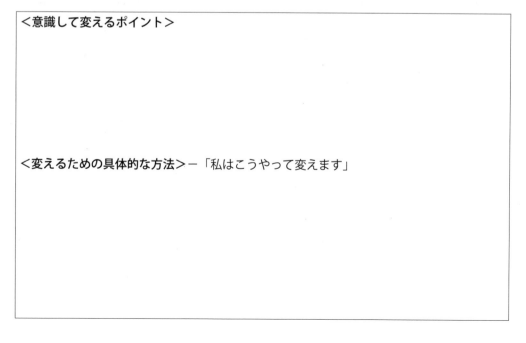

<意識して変えるポイント>

<変えるための具体的な方法>－「私はこうやって変えます」

2. 人生設計とキャリアデザイン

● 自分はどうなりたいか、自分にとって幸せとはどういう状態か、考えてみよう
● 職業は人生設計の一部、どう生きたいかによってキャリアデザインも変わる

　人生設計というと大げさに聞こえるかもしれませんが、「**自分にとって幸せになるには、どう生きたらよいのか**」じっくり考えることから始まります。「**自分にとって**」と表現したのは、人によって幸せの定義は違うからです。人生設計のなかで、仕事に関わる部分にフォーカスしたものが、**キャリアデザイン**です。どういう仕事に就き、どういう経験を積み、技能を習得し、実績を獲得し、自分の目指す姿に近づいていくのか、そのプロセスを考えます。

　簡単に答えが出るテーマではありませんが、働き出して日々の活動に追われるようになる前に、じっくり考えてみましょう。

（1）人生設計を考える

　自分はどうなりたいか―その目指す姿に向かって、どう生きるかが人生設計です。皆さんが就職を決めるときにも、自分が目指す姿に近づくために適していると思う会社を選んだはずですが、目指す姿がどこまで具体的になっているかは、人によってバラツキがあるでしょう。具体的に考えるための方法としてお勧めなのが「**自分にとって幸せとはどういう状態か**」を洗い出すことです。できるだけ具体的に、映像として思い浮かべられるくらいまで考えます。住む家は？家族は？友人は？仕事は？経済状況は？趣味は？社会的地位は？―いつごろどういう状態になっていたいのか、小さなことでも自分の希望を書き出してみると、だんだん考えがまとまってきます。自分自身がこういう状態になるのが幸せだ、というだけでなく、自分が他者（家族・周囲の人・社会など）にこういう価値をもたらすことが幸せだ、他者がこうなることが自分の幸せだ、など**他者との関係において感じる幸せ**もあります。いろいろな角度から考えてみましょう。

　多くの場合、自分の成長によって考えは変化しますので、**ときどき見直す**ことが重要です。入社後、日々の仕事に追われるようになると、人生という大きなテーマから遠ざかりやすいので、時期を決めて（お正月、期の初め、誕生日など）**定期的に考える時間をとる**、という習慣を持つだけでも大変意味があります。

考えてみよう ....

　あなたにとって幸せとは何か、いつごろどういう状態になっていたいのか、思いつくことを書き出してみましょう。ランダムで構いませんので、できるだけたくさん書きます。

　書き出したことを見ながら、今の自分にとって「生きる目的」や「大切にしていること（信条）」は何なのか、考えをまとめましょう。

(2) なぜ働くのか？

　働く意味について説明するとき、よく引き合いに出されるのが「マズローの欲求5段階説」です。米国の心理学者アブラハム・H・マズローは、人間の欲求は下図のように下から上へ5段階あり、ある欲求が満たされると一段上の欲求を持つようになると唱えました。

これを、働く意味に置き換えると、経済的に自立して生活の安定を得るために働くだけでなく、仕事をとおして人とよりよい関係を築きたい、評価されたい、自分が目指す自分になりたい、人によってさまざまな欲求があるということです。

　自分が置かれている環境の変化や、自分の成長によって、働く理由もまた変化します。

マズローの欲求5段階説と働く意味の段階

自己実現の欲求
（自己実現する）
尊厳の欲求
（評価・地位・名声を得る）
社会的欲求
（職場における協働の喜びを得る）
安全の欲求
（生活の安定を得る）
生理的欲求
（生きるための報酬を得る）

考えてみよう

　これまでアルバイトやインターンシップ、ボランティアなど、給料の有無に関わらず、働いたことがある人は、そのときの自分は、どういう欲求から取り組んでいたか、振り返ってみましょう。

　自分が働くとき、どういうことに動機づけられるか、どういうときにやる気が出るか、自覚している傾向があれば、整理しましょう。

　自分はなぜ働くのか、今の考えを書きましょう。

（3）目指すキャリアは具体的に考える

　皆さんは、これから組織の一員として仕事に就き、**キャリア**を積んでいきます。「パイロットになりたい」「医者になりたい」「エンジニアになりたい」─ 職業が明確で、その答えに合った職場を選んだのなら、**なりたい自分**に向かって歩き出したわけです。最も、今も「何（職業）になりたいか」はっきりしない人もいるでしょう。必ずしも悪いことではありません。自分がどういう役割を担うかわからないが、この企業の一員としてお客様や社会にこういう価値を提供したい、という考え方もあるからです。実際、会社の規模が大きくなると、人事異動によって全く違う仕事に変わることがあります。「何（職業）になりたいか」より、「**どういう自分になりたいのか**」をできるだけ具体的にイメージを膨らませて考えると、職業は人生設計の一部であり、ときには手段でしかないことに気付くでしょう。

考えてみよう

　いつごろ、どういう自分になっていたいですか？

　職業や職種が明確な人は、それをとおして実現したいことも考えてみましょう。

　目指す自分になるために、どういうステップが必要だと思いますか？

　学びたいこと、経験したいこと、克服したいこと、得たいことなど、書き出してみましょう。

自分に投資！ 将来のためにチャレンジする学び

　入社したばかりの皆さんは、これから担当する仕事を覚えるのに精いっぱいと思いますが、第1章で学んだように、自分の**人生設計**や**キャリアプラン**を長期的視点で考え続けることは大切です。入社時に、必ずしも自分が希望する仕事をすぐに任せてもらえるとは限りません。自分が希望する仕事、取り組みたい分野がはっきりしている人は、それに必要な専門知識をコツコツ勉強することから始めます。特に、将来は違う分野に進みたい人は、その分野の勉強をしていることを、折にふれて上司や周囲に話しておきましょう。今すぐに異動したり、その分野の仕事を任せてもらえなくても、何かのタイミングで「そういえば○○さんは、××の勉強をしていると言っていたな…」と思い出して、メンバーに加えてもらえるかもしれません。

　チャンスをもらったら恐れないことです。明らかにできないことを引き受けるのはビジネスパーソンとしてルール違反ですが、がんばって乗り越えられる見通しが立つなら少々困難でも積極的に引き受けましょう。人は**経験をとおして成長**します。

　組織の一員として働きながら、自分が目指す姿に向かってキャリアアップしていくのは自分の努力です。「**自分のキャリアは自分で作る**」と考えましょう。組織はあなたにキャリアアップするための学びや経験の場を与えてくれますが、それを活かすかどうかはあなた次第です。

ワーク・ライフ・バランスを考えよう

　あなたの1日の仕事とプライベートの比率はどの程度ですか？
　あなたの心のなかを占める仕事とプライベートの比率はどの程度ですか？

　近年、**ワーク・ライフ・バランス**といって、仕事とプライベート（人生）のバランスを考えることが推奨されています。やりがいを持って仕事をしながら、人生も豊かにしようということです。人によって理想の「ワーク・ライフ・バランス」は違いますし、人生の時期（若いとき、子育てしているとき、中高年になったときなど）によっても変化していきます。自分の「ワーク・ライフ・バランス」を考えてみましょう。組織に求められる役割の遂行だけで頭をいっぱいにしてしまうと、ストレスコントロールができなくなったり、一生懸命働いてきたつもりなのに、気が付いたら会社のなかでしか通用しない人になっていた…ということもあります。プライベートを大切にしたり、将来の自分のために学んだり、いろいろなことにチャレンジしましょう。

第 **2** 章 自社を知る

組織の一員となって働くということは、組織の目的や目標に対して、自分の役割を果たして貢献することです。そのためには、まず、これから自分が働く組織全体、自社について理解しましょう。

第2章では、自社は何を目指しているのか（経営理念や経営方針など）、そのためにお客様や社会に何を提供し、どうやって利益を得ているのか、そのために社内はどういう体制になっているのか、自社について学びます。

1.何を目指しているのか？－経営理念・経営方針

2.何を提供しているのか？－社会やお客様への貢献

3.どうやって利益を得ているのか？－ビジネスモデル

4.どういう仕事があるのか？－組織体制

1. 何を目指しているのか？−経営理念・経営方針

- ● 組織全体が目指すことを、社長になったつもりで大きく捉えよう
- ● この組織の一員として、皆が大切にするべき価値観を共有しよう

　企業は、利益を上げることが最大の目的でしょうか？　もちろん、企業自体が存続するために、利益を上げるのは大切なことです。しかし、それだけではありません。「社会、お客様、株主、社員など関わる人たちに対して、こういうことを提供する企業になりたい」「こういうものを提供することで、世の中をこう変えたい」−さまざまな思いがあります。**自社は何を目指しているのか**、考えてみましょう。

（1）経営理念・ビジョン

　経営理念とは、**企業の存在意義や使命を表す概念**です。企業としてどうありたいか、何を成したいのか、という思いです。**ビジョン**とは、経営理念に基づき「（ある時期までに）こうなりたい」という**目指す姿**を、具体的にイメージしやすいようにわかりやすい言葉やさまざまなかたち（図や絵など）で表したものです。これらは、明文化しているところもあれば、暗黙のうちに社内で共有されている場合もあります。組織の一員になる第一歩は、それを学び、理解することに始まります。社長になったつもりで、自社の存在意義や使命を考えてみましょう。

　大切なのは、社員一人ひとりが「**私たちの存在意義と使命はこういうことだ**」と理解し、それをいつも心のどこかに持ち、判断に迷ったときに「**経営理念やビジョンと照らし合わせたとき、私が今とるべき行動は何だろう？**」と考えることです。行動に活かされなければ、絵に描いた餅でしかありません。

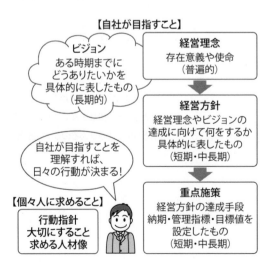

【自社が目指すこと】

ビジョン
ある時期までに
どうありたいかを
具体的に表したもの
（長期的）

経営理念
存在意義や使命
（普遍的）

経営方針
経営理念やビジョンの
達成に向けて何をするか
具体的に表したもの
（短期・中長期）

重点施策
経営方針の達成手段
納期・管理指標・目標値を
設定したもの
（短期・中長期）

自社が目指すことを
理解すれば、
日々の行動が決まる！

【個々人に求めること】
行動指針
大切にすること
求める人材像

(2)行動指針

　経営理念やビジョンに対して、具体的にこう行動してほしいという**行動指針**や**大切にすること**を定義し、明文化している企業もあります。「**社員にこうあってほしい**」という思いから**求める人材像**を示す場合もあります。「行動指針に照らし合わせると、私が今とるべき行動は何だろう？」「こういうことを大切にするのが自社の精神だから、この行動は慎むべきだ」「自社の社員ならこうあってほしいとされているから、自分もこういう能力を鍛えよう」と考えやすくなります。

(3)経営方針・重点施策

　経営理念やビジョンは概念的であるため、それだけでは具体的に何をしたらよいのかわかりません。そこで、短期的（半年〜1年程度）、あるいは、中長期的（3〜5年程度）に**何を目指して**（経営方針・目標）、**どういう施策を行うか**（重点施策）、その納期・管理指標・目標値まで明らかにします。

　方針や施策は、組織が大きい場合は末端にいくにしたがって、部の方針と重点施策、課の方針と重点施策、というように**ブレイクダウン**され、具体的になっていきます。日々の活動で強く意識するのは自分が所属する末端組織の方針や重点施策ですが、それは経営方針からブレイクダウンされていることを忘れないでください。日々の業務が、**会社全体が目指すことにどう貢献しているのか**を考えると、取るべき行動が見えてくるはずです。

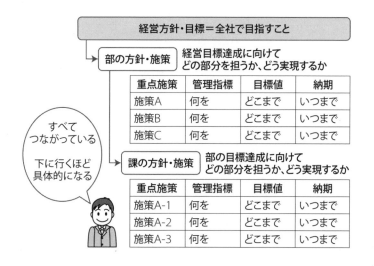

えてみよう

自社が目指していることを学び、それについて考えてみましょう。

（会社案内やホームページを読んで調べる、講義や社長講話など説明を聞く）

自社が目指していることについて、学んだことを整理しましょう。

経営理念・ビジョン、行動指針、経営方針・重点施策など

心に残ったことは何ですか？　それはなぜですか？

これまでの自分の経験と照らし合わせて、共感できることは何ですか？
どういう経験からそう思いましたか？

わからなかったこと、具体的にイメージできないこと、納得できないことは何ですか？

2. 何を提供しているのか？－お客様や社会への貢献

> ● 具体的な商品やサービスの基本情報は、しっかり勉強して覚えよう
> ● 自社がお客様や社会に提供している価値を大きく捉えよう

　企業は、自社が目指すことを実現するために、**お客様や社会に対して何らかの価値を提供**します。例えば、自動車メーカーであれば自動車、レストランなら料理といった具合です。社員であれば、どういう自動車があるのか、どういう料理があるのか、お客様に十分な説明ができるように知っておく必要があります。また、自動車や料理の種類やその内容を知っているだけで十分でしょうか？　商品やサービスの提供によって、**お客様や社会にどういう価値を提供するのか**、考えてみましょう。

（1）自社が提供している商品・サービスを知る

　企業がお客様や社会に提供しているものは、目に見えるもの、目に見えないもの、さまざまです。自動車や料理のように目に見える商品もあれば、金融や保険商品、旅行プラン、エステティック、各種コンサルティングサービスなど、目に見えない商品やサービスもあります。自社が提供している商品やサービスにはどういうものがあるのか、次のような手段で学びます。

● カタログ・パンフレット・公式ホームページなど、一般公開情報を読む
● 社内向けホームページなど、社内情報を読む
● 上司や先輩、社内の担当部門などから学ぶ
● ショールーム・店舗・工場など、現場で実際に見る

　大切なのは、新入社員のときだけでなく、**常に学び続ける**ことです。商品やサービスは、日々新しくなります。**プロ意識とプライド**を持って、お客様に恥ずかしくない知識を付けましょう。

（2）同業他社と比較する

　自社の商品やサービスを深く知ろうと思ったら、**同業他社について学ぶ**ことも大変有効です。比較して相違点を学び、**自社の優位性**はどこにあるのか、考えてみるとよいでしょう。業界に関わらず、企業は、同業他社との厳しい競争のなかで商品やサービスの向上に努めています。圧倒的に優位に立っているケースはまれです。複数の観点から比較して、優れている点、劣っている点を考えます。自社について学ぶときとほぼ同じで、次のような手段で学びます。

- 同業他社のカタログ・パンフレット・公式ホームページなど、一般公開情報を読む
- 自社内に同業他社について調査した資料があれば、それを読む
- 上司や先輩、社内の担当部門などから学ぶ
- ショールーム・店舗など、一般人も訪問できるところがあれば、現場で実際に見る
- 新しい商品やサービスが出るときに催される展示会・フェア・セミナーに参加する

調べてみよう

自社の商品やサービスについて調べて、概要を整理しましょう。

入社前からよく見聞きしていたものもあれば、知らなかったものもあるでしょう。

複数の事業を行っているときは、事業別に整理します。

主要な商品やサービスを書きましょう。名称、概要、特長などを簡単に整理します。

自分の生活に関わっているものや、実際に利用経験があるものはありますか？

ある場合は、そのエピソードを書きましょう。

同業他社の商品やサービスについて、知っているものがありますか？

広く一般に知られているもの、評価が高いものがあれば、書きましょう。

（3）商品・サービスがお客様にもたらす価値を知る

　企業がお客様や社会に提供しているのは、商品やサービスそのものだけではありません。商品やサービスによって、さまざまな価値を提供しています。例えば、自動車メーカーは、自動車という商品の提供によって、所有する喜び、運転する楽しみ、いつでも好きなときに出かけられる自由、荷物が多くても移動できる利便性、自分の好きな音楽やインテリアでリラックスしながら移動する贅沢、好きな人と二人きりになるかけがえのない時間など、お客様の生活のなかに多くの価値をもたらします。企業、そしてその社員が、単なる移動手段だと考えていたら、それ以上の価値提供につながらないでしょう。**自社が提供する価値を大きく広く定義してチャレンジする**ことが、**企業の変革や成長**につながります。そのためには、社員の一人ひとりが、自社がお客様や社会に提供する価値とは何かを考え続けることが大切です。私たちを取り巻く環境は、常に変化しています。**提供する価値も変わっていく**ことで、世の中の動きに対応できるのです。

移動手段 ＋ 生活を豊かにするさまざまな価値

考えてみよう

　自社の商品やサービスがお客様や社会にもたらす価値にはどういうものがありますか？想像力を働かせて、考えてみましょう。

(4) お客様を知る

　企業が提供する商品やサービスは、それに対価を払う**お客様**がいて初めて成り立ちます。皆さんの会社の商品やサービスは、どういう**お客様**が使うのでしょうか？

　事業分野によって、また、商品やサービスの種類によって、ターゲットとするお客様はさまざまです。法人相手のもの、一般消費者相手のもの、それほど特別な条件なくターゲットが広いもの、ある条件に合うお客様だけをターゲットとするもの、いろいろなケースがあるでしょう。自社の商品やサービスは、**どういうお客様が使っているのか、なぜ使っているのか**、お客様について学ぶと、提供価値への理解も深まります。

──

⦿**調べてみよう**
··

　自社のお客様について調べて、概要を整理しましょう。

　複数の事業を行っている場合は、事業別にターゲットとなるお客様を整理します。自分で情報収集して「こういうお客様がターゲットだろう」と予測してから、上司や先輩に学びます。

3. どうやって利益を得ているのか？−ビジネスモデル

> ● 誰がお金を払っているのか、どうやって利益を得ているのか、考えてみよう
> ● 利益を生むまでのプロセスに関わるプレーヤーを整理すると、ビジネスの全体像がわかる

　企業が存続するには、企業活動をとおして**継続的に利益を生むしくみ**が必要です。これを**ビジネスモデル**といいます。簡単に言えば、どうやって儲けるのか、ということです。また、ビジネスは自社だけで成り立つものではありません。さまざまな企業、人々が関わって、お客様に価値を届けるようになっています。皆さんがこれから関わる事業は、どういう**ビジネスモデル**になっていて、どういう企業や人々が関わって成り立っているのか、考えてみましょう。

（1）だれがお金を払うのか？

　ビジネスモデルは、**収入源**、つまり「**だれがお金を払うのか**」を考えるとわかりやすいでしょう。例えば、何かを製造して販売するメーカーであれば、お金を払うのは商品を購入するお客様です。お客様が払う代金より安い金額で製造することで、**利益**を得ます。目に見えないサービスでも、企業が提供するものに対して、その直接的な受け手がお金を払うなら、基本的には構造は同じです。

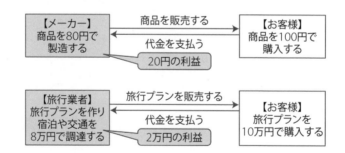

　別の例を見てみましょう。商品やサービスを直接受けるお客様はお金を払わず、他に収入源があるケースです。皆さんがテレビ番組を見るとき、無料で見られる番組が多数ありますね。番組制作にはお金がかかるのに、視聴者が無料で見られるのは、番組の合間に流れるコマーシャルを提供する企業が広告費を支払うことでビジネスが成り立っているからです。

(2) どうすれば利益が大きくなるのか？

　誰がお金を払って、**どうやって利益を得ているのかわかれば、どうすれば利益が大きくなるか**も考えられるでしょう。前述のメーカーの例で、20円の利益を40円にしようと思ったら、製造費用を安くするか、販売価格を高くするか、その両方を組み合わせます（実際には、1個当たりの利益は同じでも、たくさん売って全体の利益を増やす方法もあります）。

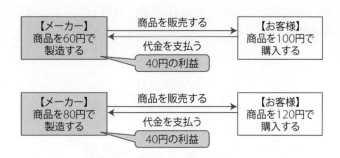

　放送会社の例では、番組制作費を安くするか、企業が払う広告費を高くするか、その両方を組み合わせるかです。なお、コマーシャルを1回放送する費用は、番組の視聴率によって変動するので、視聴率が高い番組を制作すると、結果的に利益も大きくなります。

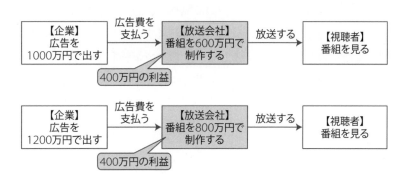

調べてみよう

　自社のビジネスモデルについて調べて、簡単に整理しましょう。

　複数の事業を行っている場合は、事業別に整理します。誰がお金を払って、どうやって利益を得ているのか、例を参考に図解しましょう。自分で情報収集して「こういうビジネスモデルだろう」と予測してから、上司や先輩に学びます。

(3) プレーヤーを洗い出す

ひとつのビジネスに関わる企業や人々を**プレーヤー**と呼び、それらがどう関わっているのか整理することを**プレーヤー構造分析**といいます。お客様に価値を提供するまでのプロセスに、どういうプレーヤーが関わっているのか、想像力を働かせて洗い出すところから始めます。

前述のメーカーの例では、商品を製造してお客様に届けるまでのプロセスで、材料や部品を供給する会社、情報インフラを支える IT 企業、材料・部品・完成品などさまざまなものを運搬・管理する物流会社、商品の販売を代行する会社などが考えられます。

調べてみよう

自社のビジネスに関わるプレーヤーについて調べて、整理しましょう。

複数の事業を行っている場合は、事業別に整理します。プレーヤーを書き出して、主にどういう役割を果たすのかを書き添えましょう。自分で情報収集して「こういうプレーヤーがいるだろう」と予測してから、上司や先輩に学びます。

（4）ビジネスの全体像を捉える

プレーヤーを洗い出したら、その関係を図解すると理解が深まります。これを**プレーヤー構造図**といいます。前述のメーカーの例を図解すると、次のようになります。

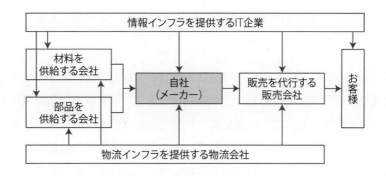

こうして図解してみると、どういう企業や人々の支えがあって成り立っているのか、よくわかります。また、どこを変えれば、**よりよい商品やサービスが提供できるのか、利益を拡大できるのか**、考えるときにも役立ちます。

考えてみよう

自社のビジネスのプレーヤー構造について、整理しましょう。

複数の事業を行っている場合は、事業別に整理します。プレーヤー同士の関係を考えて、図解します。自分で考えて「こういう構造だろう」と予測してから、上司や先輩に学びます。

4. どういう仕事があるのか？−組織体制

> ● 自社の組織図を見ながら、どういう役割分担になっているのか考えよう
> ● 社内にどういう仕事があるか、上司や先輩の話を聞いて理解しよう

　ひとつの会社のなかには複数の部門があり、それぞれが役割を果たすことで全体が機能するようになっています。**組織体制**は、事業を行ううえで効率的かつ効果的に人材を活用できるように考えて作られ、状況の変化に合わせて見直されます。**組織図**を見れば、どういう事業を行っているのか、何に力を入れているのか、その企業の特徴がわかります。一般的な組織体制を学んだ後で、自社の組織体制について調べてみましょう。

（1）主活動と支援活動

　組織は、大きく分けて**主活動**を行う部門と、**支援活動**を行う部門に分かれます。主活動とは、事業そのもの、**お客様に提供する価値を生み出すプロセスそのもの**です。メーカーであれば、開発・設計、製造、販売、メンテナンス、といった流れを担う部門です。一方で、支援活動とは、**組織が円滑に運営されるように支えるもの**です。これは、多くの企業に共通してある、経営企画、総務、経理、人事、教育、広報宣伝、法務、情報システム、といったスタッフ部門です。企業の規模によって、スタッフ部門を細かく分けていない場合も多いですが、主な役割は次のとおりです。

部門	役　割
経営企画	経営層が経営方針を決めるために必要な情報収集・分析を行い、その意思決定を支援する。経営方針に従って戦略を策定し、関連各部門に展開する。
総務	組織活動が円滑に行えるように、各部門の日常業務全般に関わる調整を行う。社内の三遊間のゴロを拾う縁の下の力持ち。組織の規模によっては、それ以外のスタッフ部門の仕事もすべて「総務」が行っている場合もある。
経理	組織活動のなかで、財務・会計に関する業務を行う。取引先への支払いや請求といったお金のやり取りや、各部門への予算の分配や管理を行う。財務データの集計・分析といった経営情報のとりまとめを行い、経営層の意思決定を支援する。
人事	人に関する業務を行う。組織活動が円滑に行えるように、適切な組織設計を行い、必要な人材を採用・配置する。教育の機能を人事が担う場合も多い。
教育	人の育成に関する業務を行う。新入社員研修に始まり、さまざまな場面で、社員の能力開発を支援する。全社員共通で行う教育のほか、職種別や階層別など、対象を絞って行う教育もある。
広報宣伝	社員に対して社内情報を展開する広報活動と、社外に向けて自社の経営方針や自社の商品・サービスに関する情報を発信する宣伝活動を行う。広報活動では、社内報や全社員向け社内Webサイトの運営などがある。宣伝活動では、社外向けホームページの企画・制作・運営、各種メディアへの情報発信と管理、コマーシャルやポスターなど宣伝の企画・制作などがある。

法務	組織活動を行うなかで発生する法律に関わる業務を行う。取引先と交わす契約書の作成・チェック、訴訟問題が起きた場合の対処、法的な問題を未然に防ぐための社内向け法律相談や、社員に対する法知識教育などがある。
情報システム	社内の情報システムに関わる業務を行う。組織活動に必要な各種の情報インフラ整備、業務システムの企画・開発、社内のパソコンやサーバーなど情報機器管理、情報セキュリティ対策の立案・実行、社員に対する情報セキュリティ教育などがある。

（2）組織体制の3つのパターン

組織体制は、その構造によって主に3パターンに分かれます。

種類	概要	メリット/デメリット
機能別組織	開発、生産、営業など、機能によって区切った組織	<メリット> ● 役割分担が明確 ● 組織の効率性・専門性を高めやすい <デメリット> ● 急激な外部環境変化に柔軟に対応しにくい
事業部制組織	製品別・顧客別など、事業によって区切った組織	<メリット> ● 事業部に権限を委譲することで、事業部内での意思決定が迅速になる <デメリット> ● 部分最適になりやすい ● 事業部間の壁ができやすい
マトリックス組織	機能別と事業部制をマトリックスにした組織 （特定の目的に合わせて機能や事業部をまたがって動けるようにするプロジェクト型組織）	<メリット> ● 機能別組織の特徴である効率性や専門性と、事業部制組織の特徴である権限の委譲を両立できる <デメリット> ● 責任の所在が不明確になりやすい

　会社の規模が大きくなると、**事業部制**と**機能別**を組み合わせる場合もあります。変化の激しい業界では、案件への柔軟かつ迅速な対応を行うために、**マトリックス組織**を併用するなど、独特の体制をとっている企業も少なくありません。

　これから組織の一員となる皆さんは、自社にはどういう部門があるのか、どういう役割分担で成り立っているのか、組織体制の全体像を把握しましょう。

調べてみよう

自社の組織図を見て、どういう機能や役割があるのか、学びましょう。

組織図を入手したら、このページに添付します。

支援活動を行う部門、主活動を行う部門に色分けします。

どういう活動をしているか、想像できない部門があれば、★マークを付けます。

★マークを付けた部門について、上司や先輩に聞くなど、主な役割を調べましょう。
以下に、部門名とその役割を簡単に整理して書きましょう。

興味を持った部門はありますか？
ある場合は、その部門名と、興味を持った理由を書きましょう。

会社行事・飲み会・SNS…交流のチャンスはたくさんある

　組織の一員になるには、共に働くメンバーとコミュニケーションして仲間入りすることも大切です。仕事上の付き合いだけでなく、季節の恒例行事、飲み会など、会社によってさまざまな**イベント**があります。プライベートな時間に行われるイベントは、参加の義務はないとはいえ、新人のうちは**ほかのメンバーと打ち解ける絶好の機会**ですから、面倒がらずに参加することをお勧めします。とても日本的な考え方だと思うかもしれませんが、実際、そういう場で、仕事のときとは違うコミュニケーションをすることで距離が縮まり、お互いの人となりへの理解が深まり、仕事においても相談や依頼をしやすい関係ができるなど、よいことがたくさんあります。上司や先輩の仕事の経験談など、普段ゆっくり聞けない話を聞いたり、本音と建前の本音の部分を聞けるのも、そうした場です。

　季節の恒例行事は、新年会、忘年会、歓送迎会のほか、お花見、バーベキュー大会、スポーツ大会など、会社によってさまざまです。新人は、周囲も参加を大いに期待しているので、積極的に参加して、幹事を手伝うなど申し出てみるのもよい方法です。

　近年では、恒例行事や飲み会が減っている会社もありますが、その一方で**SNS（Social Networking Service*）によるコミュニケーション**が活発になっています。社内SNSがあるところもありますし、Facebookで社内外の人々とつながっているケースも多いでしょう。会社帰りに一緒に飲みに行かなくても、SNSでお互いの仕事以外の活動を共有し、Web上でコメントし合ったり、仕事で会ったときの雑談の話題にするなど、打ち解けるきっかけになっています。社内の人々とSNSでつながるとプライベートが筒抜けで嫌だな…と思う人もいるので、利用はご自身の判断に委ねますが、そもそもSNSはソーシャルな場、つまりプライベートではなく社交の場ですから、そうした目的に使うのはよい方法ではないかと思います。プライベートなコミュニケーションは、ユーザーを限定できる機能を使って、そのなかで行えばよいのです。

　なお、SNSに限らず、ブログ、Twitterなど、不特定多数の人々に情報を発信するサービスを利用する場合、**社内情報を公開しないのが鉄則**です。社内の写真を撮ってそれとわかる状態でアップしたり、「今日は○○の件で、××にいます」とお客様や用件を具体的にアップするなど、厳禁です。そうしたサービスの利用について社内規程がある企業もあるので、上司や担当部門に確認しましょう。

* SNSとは、インターネット上での人と人のつながりを支援するWebサービス。代表的なものに、Facebook、mixi、GREE、LINE、Instagramなどがある。

第 **3** 章　社会人の基礎知識を学ぶ

これから社会人になる皆さんは、学生時代に比べて幅広い年齢層、さまざまな立場、職種の人々と関わりながら仕事をします。働く環境によってビジネス習慣は異なりますが、社会人としての基本マナーは最初に身に付けましょう。第3章では、日本の商習慣に基づき、基本マナー、報連相、メール・ビジネス文書・電話・面談といったビジネスコミュニケーションの基本を学びます。

1. 挨拶と言葉遣い

2. 身だしなみ

3. 職場の基本マナー

4. 報連相

5. メール

6. ビジネス文書

7. 電話

8. 面談

9. プレゼンテーション

10. 情報活用とICTツール

1. 挨拶と言葉遣い

> ● 日常の挨拶はコミュニケーションの基本！　大きな声でさわやかに
> ● 自己紹介トークは複数パターン用意して TPO に合わせよう
> ● 敬語やビジネス表現の基本を学んで、相手を尊重する気持ちで話そう

　仕事を円滑に進めるには、周囲の人々とよい関係を築くのが第一歩です。初めて会う人には**自己紹介**、日々のコミュニケーションでは**挨拶**から始まります。社会人として、**敬語**の使い分けも習得しましょう。何より大切なのは、**相手を尊重する気持ち**、相手とよい関係を築きたいと思うことです。心を込めて話せば、自然と丁寧に話せますし、多少の敬語の間違いがあっても気持ちは伝わります。

（1）挨拶はさわやかに

　出社時、退社時に周囲の人に声をかけるときは、**相手に聞こえる大きさ**で、**顔をあげて**、**さわやかに挨拶**しましょう。目を伏せて小さな声で言ったのでは、伝わりません。人数が少ない職場なら、全員の顔を見ながら挨拶できるはずです。仮に、返事がない日があっても気落ちせず、毎日さわやかに挨拶を続ければ、周囲の反応も変わってきます。

● 定番挨拶

出社	「おはようございます」
退社	「お先に失礼いたします」
外出	「行ってまいります」
帰社	「ただいま戻りました」
上司・同僚の外出	「いってらっしゃいませ」「お疲れ様です、行ってらっしゃい」
上司・同僚の帰社	「お帰りなさい」「お疲れ様でした、お帰りなさい」
上司・同僚の退社	「お疲れ様でした」

こんな挨拶はNG！

小さな声でモゴモゴ…：相手に聞こえなければ言っていないのと同じです。

相手の顔を見ない：しっかり顔をあげて、相手を見ながら挨拶します。

上司・先輩が先に挨拶：後輩から率先して挨拶します。

目上の人に「ご苦労様でした」：ご苦労様は、目上の人から目下の人に使う言葉です。

無言で出社・退社：出社・退社時の声掛けは、大切な報告のひとつです。

無言で外出・帰社：外出・帰社時の声掛けは、大切な報告のひとつです。

「どうも」で済ます：「どうも」の後は何ですか？　それをはっきり言いましょう。
　　　　　　　　　　「ありがとうございます、お疲れ様です、お世話になります」

（2）印象に残る自己紹介を考える

　仕事を始めると、さまざまな場で**自己紹介**をする機会があります。新入社員として配属された部署で自己紹介する、社外の方（お客様やビジネスパートナーなど）に自己紹介するなど、相手や場面によって求められる内容が違います。印象に残る自己紹介が、いつでもさっとできるように、ある程度**パターンを用意しておく**と安心です。

● 自己紹介パターン

15秒：名刺交換時など一言で挨拶する
項目例：会社名（社外向けの場合）、所属名、氏名、担当業務

　　例：「いろは株式会社 営業部の大場誠です。主に流通業のお客様を担当しております。
　　　　よろしくお願いいたします。」

30秒：名刺交換時など少し詳しく挨拶する
項目例：会社名（社外向けの場合）、所属名、氏名、担当業務、この場にいる理由

　　例：「ABCシステムズ 技術部の藤井渡です。Web開発を担当しております。このたび、
　　　　御社のシステム構築プロジェクトメンバーとして、参加させていただくことになり
　　　　ました。よろしくお願いいたします。」

1〜3分：「自己紹介をしてください」と促されて話す
項目例：会社名（社外向けの場合）、部門名、氏名、担当業務、プラスアルファ
何をプラスするかは、その場に合わせて選ぶ。
通常は1分を目安、スピーチを求められているならそれ以上でもよいが、短めがコツ！
自分を覚えてもらえるように、印象に残るトークをプラスする。

　　例：「このたび教育部に配属になりました、山下あずさです。「あずさ」はひらがななの
　　　　で、名前だけ見ると女性と間違われることが多いのですが、ご覧のとおり、かなりゴ
　　　　ツイ男性です。学生時代はサッカー部に所属し、主将を務めていました。正直言っ
　　　　て、私のサッカーの技術はたいしたことないのですが、チームワーク作りには誰よ
　　　　りも一生懸命取り組んできたつもりです。この教育部でも、早くチームの一員とな
　　　　って貢献できるようがんばりたいと思います。よろしくご指導お願い申し上げます。」

こんな挨拶はNG！

覇気がない：自己紹介はアピールする場！　ハキハキとさわやかに話します。
その場に合わない内容：フォーマルな場でくだけた話をするなど、空気を読まないのはNG。
ネガティブな発言：自己紹介はポジティブに、明るくまとめるのが基本です。
話が短すぎる：せっかく「自己紹介を」と言われたのに名前だけではがっかりです。
話が長い：話が長いのも嫌われます。印象的なエピソードを入れつつ簡潔にします。
内輪受け：一部の人にしかわからない内容で盛り上がるのはマナー違反です。

考 えてみよう

自己紹介に入れる情報のパーツを整理しておくと、TPO に合わせてアレンジできます。
目的や時間に合わせて、以下のなかからピックアップして組み合わせます。

氏名	
会社名	
所属名	
担当業務	
専門分野 得意分野	
関心事 勉強していること 取り組んでいること	
趣味 特技	
この場にいる 理由・動機・期待	これはケースバイケースなので、そのときどきで考える
その他 （固い話題）	
その他 （普通の話題）	
その他 （軽い話題）	

(3)尊敬語・謙譲語を正しく使い分ける

　敬語は、**相手を尊重する気持ちを表す**ための日本語の美しい習慣です。目上の人、お客様に対して、正しい敬語で自然に話せるように基本をマスターしましょう。敬語には、**尊敬語**と**謙譲語**があります。

　尊敬語：相手を敬う表現。相手を自分より高く表現することで尊敬を表す。

　謙譲語：自分をへりくだる表現。自分を相手より低く表現することで尊敬を表す。

● よく使う尊敬語・謙譲語

日常語	尊敬語	謙譲語
言う	**おっしゃる** 中村様がおっしゃいました。 今、おっしゃったように…	**申し上げる、申す** 石川様に申し上げました。 今、申し上げたように…
聞く	**お耳に入る、お聞きになる** すでに山本様のお耳にも入っているかと存じますが… この件については、担当の佐野からお聞きください。	**伺う、拝聴する** ご連絡先を伺ってもよろしいですか？ その件は、中野様より伺っています。 坂上様のご講演を拝聴しました。 ぜひ拝聴させてください。
会う	**お会いになる、会われる** この後、大山様に会われますか？ 川野様にお会いになったのですか？	**お目にかかる** お目にかかってお渡ししたいのですが… 先日、遠山様にお目にかかりました。
行く	**いらっしゃる、行かれる** 先日福岡にいらしたと伺いましたが、ご出張ですか？ 何時の新幹線でいらっしゃいますか？ 佐田様なら、時間がないとのことで先に行かれました。	**伺う、参る、あがる** 上司を伴って参ります。 私が直接そちらまで伺います。 ご挨拶にあがります。
来る	**いらっしゃる、お見えになる、お越しになる** 川本様がお見えになりました。 明日ショールームにお越しください。	**伺う、参る** ご挨拶に参りました。 点検作業で伺ったのですが…
帰る	**お帰りになる** 新幹線でお帰りになりますか？ 石川様は、先にお帰りになるそうです。	**失礼する、おいとまする** そろそろおいとまします。 お先に失礼いたします。
食べる・飲む	**召し上がる** どうぞお召し上がりください。	**いただく、頂戴する** いただきます。
見る	**ご覧になる** パンフレットはご覧になりましたか？	**拝見する** 先日の企画書は拝見しました。
する	**なさる、される** お飲み物は何になさいますか？	**いたす** 明日午前中の納品で手配いたします。
いる	**いらっしゃる** 太田様はいらっしゃいますか？	**おる** 16時でしたらオフィスにおります。
知る	**ご存知** 営業部の高木様はご存知ですか？	**存じ上げる、存じる** 鈴木様でしたら存じ上げています。

や ってみよう

間違いやすい敬語表現について確認しましょう。

以下の文章の敬語表現は正しいですか？　間違っている場合は修正してください（解答は「講義の手引き」参照）。

1. これで結構でしょうか？

2. 佐野様が申されたとおり、この問題は早急に取り組む必要があります。

3. お手数をおかけして恐縮ですが、石川様に差し上げてください。

4. コーヒーと紅茶をご用意していますが、どちらにいたしますか？

5. 中山様がおみえになられました。

6. 今日は佐藤様に会えなくて残念です。よろしく申し上げてください。

7. 昨日のパーティには、部長が出席になられました。

8. お客様が受付にご到着になられました。

9. 10:00 から開場予定ですが、鈴木様はいつごろ参られますか？

10. 坂井様は、急病でお休みになられています。

ヒ ント　**よくある間違いパターン**

1. **自分の動作に尊敬語を使う**　「私が召し上がります」
   →自分の動作は謙譲語でへりくだるのが正解　「私がいただきます」
2. **相手の動作に謙譲語を使う**　「佐藤様が会議室におります」
   →相手の動作は尊敬語で高く表現するのが正解　「佐藤様が会議室にいらっしゃいます」
3. **お客様と話すとき、自社の上司の動作に敬語を使う**　「石川部長がおっしゃいました」
   →上司であっても呼び捨て、敬語なしが正解　「部長の石川が申しました」
4. **二重敬語を使う**　「山田様がご覧になられました」「市川様がご予約になられました」
   →くどくならないように注意　「山田様がご覧になりました」「市川様が予約されました」

(4) ビジネス表現を自然に使う

ビジネスにおける**定番の言い回し**が、ビジネス表現です。敬語と合わせて、考えなくてもスラスラ自然に言えるようにしましょう。

普通の表現	ビジネス表現
あした	明日(あす)
あさって	明後日(みょうごにち)
きょう	本日(ほんじつ)
きのう	昨日(さくじつ)
おととい	一昨日(いっさくじつ)
この間	先日(せんじつ)
わたし、ぼく	私(わたくし)
あなたの会社	御社(おんしゃ)
私の会社	当社(とうしゃ)、私(わたくし)ども
こんにちは、もしもし(電話の声掛け)	大変お世話になっております
わかりました	かしこまりました、承知いたしました
できません	(大変申し訳ありませんが)できかねます (大変申し訳ありませんが)いたしかねます
わかりません	(大変申し訳ありませんが)わかりかねます
ありません	(大変申し訳ありませんが)切らしております
いますか	ご在席ですか、いらっしゃいますか
いません	(大変申し訳ありませんが)席を外しております
すみませんが	大変申し訳ありませんが、 恐れ入りますが、お手数をおかけしますが、 失礼ですが、お差し支えなければ、
どうですか	いかがでしょうか
誰ですか	(失礼ですが)どちらさまでしょうか
何の用ですか	(失礼ですが)どういったご用件でしょうか
ごめんなさい	申し訳ありません、ご迷惑をおかけしました
ありがとう	ありがとうございます、恐れ入ります
もらえますか	いただけますか
やめてください	ご容赦ください、お許しください

まとめ

■ 出社・退社・外出・帰社のタイミングで、大きな声でさわやかに挨拶する

■ 自己紹介を求められたら、その場に合った長さ・内容のトークをする

■ 敬語やビジネス表現を自然に使って話す

2. 身だしなみ

● 身だしなみを考えるときの基本は「相手に不快な思いをさせない」
● TPO に合わせて、迷ったらベーシック、コンサバティブ

さまざまな人と関わりながら仕事をするには、**相手に不快な思いをさせない身だしなみ**も重要です。清潔であることはもちろん、どういう年代の人から見てもおかしくない服装や髪型など、ビジネスパーソンとして恥ずかしくない身だしなみでいたいものです。迷ったときは、きちんとしているに越したことはないので、**ベーシック**（基本的）、**コンサバティブ**（保守的）な服装を選びます。ただし、仕事の内容によっては、動きにくいような服装は場違いになるので、**TPO**（Time：時、Place：場所、Occasion：場合）をよく考えましょう。

（1）持ち物は上質なものを選ぶ

一度買うとある程度長く使うものがほとんどなので、可能な範囲で上質なものを選びます。奇抜なものを避け、**ベーシックなデザイン**を選んでおけば、どういう場でも使えます。

● ビジネスバック：A4 の書類が出し入れしやすい大きさ、スーツに合う黒が基本
● 名刺入れ：黒の皮製が基本、定期入れなどと兼用ではないもの
● 財布：ビジネススーツに合うデザインのもの
● 手帳：スケジュール管理を手帳でしない人も、メモを取るためのノートは必要
● ペン：ボールペンまたは万年筆、書きやすいもの、シンプルなもの

男性の身だしなみポイント

剃り残しのないひげ
洗顔・歯磨きなど基本的なケアはしっかりと

清潔な髪、ナチュラルな髪色
耳や襟足にかからない清潔感のある髪型

ベーシックな型のビジネススーツ
黒、グレー、濃紺など、地味で落ち着いた色
綿や麻など、おしゃれだが型崩れしやすい素材には注意。毎日着るものなので、できれば3～5着以上用意してローテーションすると手入れもしやすい。

派手すぎないワイシャツ・ネクタイ
ワイシャツは白のレギュラーカラー（標準的な襟型）が基本。薄い色（ブルーなど）やストライプなどの模様、ボタンダウンやタブカラーなど特殊な襟型は、堅い業界ではNGになるのでTPOに合わせて選ぶこと。
ネクタイも目立ち過ぎに注意、汚れやすいので確認、曲がらないように丁寧に結ぶこと。

磨いてある靴、清潔な靴下
黒の皮靴、黒など濃い色の靴下が基本。白いスポーツソックスはNG。
かかとがすり減っていないか注意。できれば3足以上用意してローテーションすると長持ちする。

シンプルな小物類
ベルトは黒が基本、腕時計は派手すぎず、ビジネススーツに合うデザインのものを選ぶ。カフスボタン、ネクタイピンなどアクセサリーを付ける場合は、派手すぎない上質なものを選ぶ。

女性の身だしなみポイント

ナチュラルなメイク
ノーメイクもビジネスマナー違反、適度に！

ナチュラルな香水
使用する場合は、強すぎないように注意。
仕事の内容によってはNGの場合もあるので注意。

ナチュラルなネイル
派手すぎるネイルはNG。
仕事の内容によっては、マニキュア自体NGの場合もあるので注意。

磨いてある靴
ナチュラルなストッキング
黒のパンプスが基本、サンダル・ミュール・ヒールが高すぎる靴は仕事しにくく危険なのでNG。

清潔な髪、ナチュラルな髪色
清潔感のある髪型
長い場合は結ぶなど、仕事しやすい工夫をする。

ベーシックな型のビジネススーツ
黒、グレー、濃紺など、地味で落ち着いた色
ワイシャツは白または色の薄いものが基本、インナーにカットソーやニットが許される会社でも襟ぐりの開き過ぎに注意。パンツスーツはややカジュアルになるが動きやすいのが利点、TPOに合わせて選ぶ。男性同様、3～5着以上用意してローテーションするとよい。

シンプルな小物類
腕時計は派手すぎず、ビジネススーツに合うデザインのものを選ぶ。ネックレスや指輪などアクセサリーを付ける場合は、派手すぎないものを選ぶ。付け過ぎに注意。

考えてみよう

新入社員同士で、お互いの身だしなみをチェックしましょう。

自分の身だしなみについて改善点があれば、以下に整理しましょう。

まとめ

■ 清潔感があり、どういう年代の人から見てもおかしくない身だしなみになっている

■ TPO に合った身だしなみになっている

3. 職場の基本マナー

> ● 職場のマナーを守って、日常のコミュニケーションを円滑にしよう
> ● 知らないと恥をかくので、基本ルールはしっかり押さえておこう

　上司や同僚と気持ちよく仕事を進めていくには、ビジネスパーソンとして守るべき**基本マナー**があります。日々の職場生活で直面するさまざまなビジネスシーンで、どうふるまえばよいか、ここでしっかり確認しておきましょう。間違った振る舞いをしたからといって、必ずしも上司や同僚が指摘したり教えてくれたりするとは限りません。「マナーがなっていない人だな」とマイナス評価をされて、信頼を失うだけです。**自分のマナーは自分でチェック**して、恥ずかしくない振る舞いを心がけましょう。

(1) 出社・退社のマナー

　出社時は、**始業時間より早めに出社**して、余裕を持って仕事を開始します。始業時間ピッタリに席についていればよいというものではありません。パソコンを起動するなど準備もあるので、少なくとも 10 〜 15 分前には席に着いて、今日の**仕事の段取りを確認**します。

　退社時は、今日の仕事の締めくくりをして、机の上を片づけます。重要書類を出しっぱなしで帰ることがないように注意しましょう。明日の仕事がスムーズに開始できるように、予定を確認し、必要な準備があればしておきます。自分の仕事が終わっても、忙しそうにして困っている人があれば「**何かお手伝いできることがありますか？**」と一声かける気遣いができるとさらによいでしょう。自分も、人に助けてもらうときが必ずあります。

　オフィスを出るときには、残っている人に「**お先に失礼いたします**」としっかり声掛けします。翌朝直行する場合は、上司に「明日は○○の件で、××に直行します」と報告して、許可を得ます。

何かお手伝いできることがありますか？

(2) 外出・離席のマナー

　外出や、会議室など別の場所に行ってしばらく離席する場合は、**居場所がわかるようにしておく**のがマナーです。不在時に緊急で連絡を取りたいことが発生したときに、周囲の人が困るからです。オフィス内に行き先を書くホワイトボードを設置している会社もありますし、スケジュール管理ソフトウェアを使用して、パソコンで社員のスケジュールをお互いに見られるようにしている会社もあります。そうしたしくみがある場合は、必ず行き先を明記し「**行ってまいります**」と声をかけて行きます。しくみがない場合は、上司や先輩など周囲の人に「**○○に行ってまいります。○時ごろに戻る予定です**」と報告してから出かけます。外出先から直帰する場合は、業務終了時に上司に電話などで連絡し、「**ただいま終了しました。直帰してもよろしいでしょうか？**」と確認するとよいでしょう。

（3）私用外出は原則禁止

　就業時間中の私用外出は原則禁止です。歯磨き、お化粧直しも就業時間中に長々するのは NG です。銀行に行くなど平日しかできない用事がある場合は、昼休み中にします。病院に行くなどやむを得ない場合は、**上司に相談して許可を得てから**行きます。

（4）遅刻のマナー

　交通機関の遅れは、よく発生するトラブルです。多少の遅れがあっても遅刻しないように、**日ごろから余裕を持って行動する**のが原則です。やむを得ず遅れる場合は、できるだけ早く相手に連絡します。特に、お客様先など別の場所に行くときは、いつでも相手に連絡が取れるように、連絡先（電話番号やメールアドレス）を控えておきます。電車内で電話できない場合は、先にメールで知らせて、電車を降りてから電話しましょう。悪い知らせほど、言いにくいのでメールで済ませたくなりますが、電話できちんと伝えるほうが丁寧です。会社に遅刻するときは、上司に速やかに連絡し、「申し訳ありませんが、事故で電車が止まっているので○分くらい遅れます」など、簡単に**理由と見通し**を伝えます。出社したら、「遅れて申し訳ありませんでした」と改めてお詫びすることを忘れずに。このときは、**言い訳厳禁**です。

○○駅で信号故障のため運転を見合わせています。お急ぎのところ・・・

わー！どうしよう。△△様の連絡先、控えてくるの、忘れちゃった。遅れそうだけど連絡取れないよ〜

（5）早退・休暇のマナー

　早退したり休暇を取る場合は、**事前に上司に申請**して許可を得ます。有給休暇は、会社から与えられている権利だからといって、いつでも自由に取れるわけではありません。上司や同僚と仕事の調整をして、**迷惑がかからないように休むのがマナー**です。

　体調不良や緊急事態で、急に早退したり休暇を取る場合は、速やかに上司に連絡・相談して指示を仰ぎます。特に、自分が休むことで仕事に支障があったり、他の人に迷惑をかける場合は、その旨を上司に伝えて、どう対処するかを相談しましょう。

（6）人の呼び名のマナー

　会社によって、**敬称のルール**は違います。社内においては、自社のルールに従います。役職がある場合には「○○部長」「○○課長」と呼ぶのが一般的ですが、近年ではすべて「○○さん」で統一している会社も増えました。**役職名を間違うのは大変失礼**なので、間違うくらいなら「さん」のほうがお互いに気を遣わなくて済むという合理性と、多様な人が働く職場でお互いを尊重し合う心遣いとも言えます。

✕
その件については田中部長からご連絡いたします。

○
その件については部長の田中からご連絡いたします。

なお、お客様に対して言う場合は、社内の人は上司や先輩であっても、「部長の〇〇」あるいは「〇〇」と呼び捨てにします。

お客様を呼ぶ場合は、「△△部長」と役職名を付けるか、「△△様」と呼びます。

（7）オフィス内でのマナー

オフィスは、あくまで仕事をする場所です。**公私をわきまえた振る舞い**を心がけます。特に、廊下やエレベーター、ロビーなど、社外の人がいる可能性がある場所では、周囲の様子に注意を払います。同僚とおしゃべりに夢中になって騒ぐのはマナー違反です。お客様らしき人を見かけたら、会釈したり「いらっしゃいませ」とお声掛けするなど、気配りしましょう。

オフィス内 	● 机の上や周りの整理整頓を心がけます。 ● 休憩時間の同僚とのコミュニケーションはよいですが、業務中の私語は慎みましょう。 ● 業務中の私用電話は慎みましょう。やむを得ない場合は廊下に出て、手短に済ませます。 ● 人が電話をしているときには、電話口に聞こえないように静かにします。 ● 自席でやたらに飲み食いしないようにしましょう。
廊下 	● 廊下は走らず、静かにキビキビと歩きます。 ● 人とぶつからないように曲がり角は注意しましょう。 ● 廊下でお客様（らしき人）や目上の人と会ったら、軽く会釈します。知っているお客様であれば「いらっしゃいませ」など笑顔で挨拶します。 ● お客様（らしき人）や目上の人を追い越すときは、軽く会釈しながら「失礼いたします」と声掛けします。
エレベーター 	● 降りる人が優先、待つときは脇に寄って待ちます。 ● お客様や目上の人と一緒のときは、相手を先に乗せてから、ボタンの近くに乗って操作します。降りるときもお客様や目上の人が先です。 ● 自分だけ別の階で先に降りるときは、軽く会釈しながら降ります。 ● エレベーターのなかでは、私語は慎みましょう。
ロビー 	● お客様（らしき人）を見かけたら「いらっしゃいませ」と挨拶します。 ● 困っているようなら「お取り次ぎを承っておりますか？」と声掛けして、必要に応じて訪問先の担当者に連絡します。 ● ロビーは会社の顔、私語は慎みましょう。

(8) テレワークのマナー

近年、働き方改革などによって**テレワーク**の導入が進んでおり、働く場所はオフィス以外にも広がっています。テレワークとは、以下の3つを指します。

- 在宅勤務
- サテライトオフィス勤務
- モバイルワーク（外出先でモバイル機器を使って働く）

自分自身がテレワークを行うときはもちろん、共に働く社内の人々やお客様など社外の人々がテレワークをしていれば、それに合わせた対応が求められます。以下に一般的な例を紹介しますが、企業によってルールが異なるので上司などに確認しましょう。

テレワークを申請する

- 上司などにテレワークを申請して許可をもらいます。
- 前日までに、どこで（在宅・サテライトオフィス・外出先など）、いつ（開始終了予定時刻）、何を（業務内容）を行うのかを申告したり、スケジュール管理ツールにその旨を登録します。

業務開始連絡をする

今から在宅勤務開始します。業務内容は・・・17:30 終了予定です。

- 上司に業務開始を連絡します。
- 電話・メール・チャットなどを使って、開始時刻、本日の業務内容予定、終了予定時刻などを知らせます。業務内容は、事前申請時に詳しく報告している場合は割愛することもあります。
- 上司だけでなく、同僚や仕事上関係がある人々にもテレワークであることがわかるように、メールの CC に入れたり、スケジュール管理ツールなどで情報共有しておくとよりよいです。

業務中の連絡手段を確保する

メール
チャット
電話

- オフィスに一緒にいなくても仕事が円滑に進むように、必要なときにすぐ連絡が取れる手段を確保しておきます。
- メールをこまめにチェックする、チャットを使う、必要に応じて動画をオンにする、電話が受けられるようにしておくなど、配慮しましょう。

オンライン会議に参加する

- 自分がテレワークしていなくても、相手がテレワーク中などの理由でオンライン会議を依頼されたら、社内ルールや機器類（オンライン会議に必要なカメラやマイクなど）に問題がなければ積極的に受けましょう。
- 会議開始時刻に間に合うように、事前に接続方法（オンライン会議のURL、パスワードなど）を確認して、早めに接続しておくと安心です。

業務終了報告をする

本日の業務を
終了します。
業務結果は…です。
完成した資料は
…に格納しました。

- 上司に業務終了を報告します。
- 電話・メール・チャットなどを使って、終了時刻、本日の業務結果などを知らせます。
- 上司だけでなく、同僚や仕事上関係がある人々にも業務終了がわかるように、メールのCCに入れるなどするとよりよいです。

(9) 上座・下座のマナー

さまざまなビジネスシーンで、**上座・下座**の決まりがあります。お客様や上司、目上の人が上座に座ります。新入社員は、原則として、末席（一番下座の席）に座るように心がけましょう。

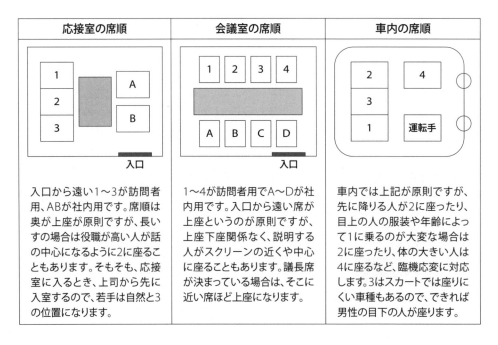

応接室の席順	会議室の席順	車内の席順
入口から遠い1〜3が訪問者用、ABが社内用です。席順は奥が上座が原則ですが、長いすの場合は役職が高い人が話の中心になるように2に座ることもあります。そもそも、応接室に入るとき、上司から先に入室するので、若手は自然と3の位置になります。	1〜4が訪問者用でA〜Dが社内用です。入口から遠い席が上座というのが原則ですが、上座下座関係なく、説明する人がスクリーンの近くや中心に座ることもあります。議長席が決まっている場合は、そこに近い席ほど上座になります。	車内では上記が原則ですが、先に降りる人が2に座ったり、目上の人の服装や年齢によって1に乗るのが大変な場合は2に座ったり、体の大きい人は4に座るなど、臨機応変に対応します。3はスカートでは座りにくい車種もあるので、できれば男性の目下の人が座ります。

考えてみよう

職場の基本マナーについて、気を付けたいと思うことを以下に記入しましょう。

自社内の応接室や会議室を見て、どこが上座になるか、考えてみましょう。

わからない場合は、上司や先輩に確認し、気が付いたことを以下に記入しましょう。

ま と め

- 始業時間より早めに出社して、余裕を持って仕事を開始する
- 帰宅前には机の上を片づけて、明日の予定を確認してから仕事を終了する
- 外出・離席時には、簡単に机の上を片づけて、周囲に居場所がわかるようにする
- やむを得ず遅刻するときはすぐに連絡する（連絡方法を知っている）
- 早退・休暇は、原則として事前に申請する（申請方法を知っている）
- オフィス、廊下、エレベーターなど、公私をわきまえた振る舞いをする
- テレワークするときは、勤怠管理や業務報告などのルールを守る（ルールを理解している）
- さまざまなビジネスシーンで、上座・下座がわかる

4. 報連相

> ● 報連相はビジネスパーソンの義務、正確・簡潔・わかりやすく伝えよう
>
> ● ノープランで相談せず、自分なりの解決策を考えよう
>
> ● タイミングをはずすと大迷惑！　タイムリーに報連相しよう

　報連相（ほうれんそう）は、「報告」「連絡」「相談」のことで、ビジネスコミュニケーションの基本です。仕事の進捗や結果を上司に報告したり、必要な情報を必要な相手に連絡したり、わからないことや困ったことを上司に相談するのは、ビジネスパーソンとして行うべき義務です。報連相を怠ると、後で大きなトラブルに発展したり、周囲の人に迷惑をかける結果につながりかねません。**正確・簡潔・わかりやすく、タイムリー**に報連相しましょう。

(1) 受け手の立場に立って正確・簡潔・わかりやすく伝える

「報連相」で大事なのは、自分が伝えたいことを伝えるのではなく、相手が必要とするであろう情報を正確・簡潔・わかりやすく伝えるということです。**相手の立場に立って、何が重要なことか、よく考えて**報連相しましょう。

　口頭であれ、チャット・メール・文書であれ、報連相の内容は、次のとおりです。

● **目的を伝える**

　「報告」「連絡」「相談」のいずれなのかを、**最初に宣言**します。

　例：「ABC プロジェクトの進捗遅れについて、報告があります」

　　　「次回の企画会議の議題について、連絡事項です」

　　　「いろは工業様への提案内容について、相談してもよろしいでしょうか？」

● **事実を伝える**

　「報告」「連絡」「相談」の内容に関する**事実を整理**して伝えます。

　相手が必要とするであろう情報を、**正確・簡潔・わかりやすく**伝えます。

● **プラスアルファの情報を伝える**

　事実に基づく考察や意見など、相手にとって重要だと思うプラスアルファの情報があれば、加えます。

(2) 相談するときは自分なりの解決策を考える

　相談する場合は、ノープランで「どうしたらよいでしょうか？」と丸投げするのではなく、**自分なりに解決策を考えて**みましょう。「自分では、こういう解決策を考えましたが、こういう点で迷っています。部長のお考えはいかがでしょうか？」といった具合です。ただし、緊急の場合、特に**トラブルは、早く報告・相談することが最優先**です。

（3）タイムリーに報連相する

　報連相は、内容の**緊急度・重要度**によって、**タイムリー**に伝えます。相手も人間なので、他のことで頭がいっぱいになっているときや、外出の直前で時間がないなど、余裕がないときに報連相されても頭に残りません。緊急度が高いもの以外は、相手が話を聞けるタイミングを見計らうか、忙しい相手なら短時間であっても予約して報連相します。

　緊急度が高いと思う報連相は、歩きながらでも捕まえて「○○について至急報告があります」と伝えます。概要を言えば「よし、歩きながら詳しく聞こう」となるか、「それなら帰ってから聞くよ」「代わりに××さんに伝えて指示を仰ぎなさい」など、相手が判断するでしょう。メモを書く余裕があれば簡単なメモを渡すとか、チャットなどリアルタイムでコミュニケーションする手段があればそれを使うのも手です。モバイル端末を持っている上司なら「急ぎの報告があるのでメール入れます。申し訳ありませんが、移動中に見ていただけますか？」と依頼するなど、やり方はいろいろあります。すぐ報連相したほうがよい案件か迷うときは、自分が思っているより緊急かつ重要な場合もあるので、身近な先輩に相談するとよいでしょう。

こんな振る舞いはNG！

聞かれるまで報告しない：「どうなってるの？」と上司から聞かれるようでは報告不足です。

遅い：緊急度が高いのに、すぐに伝えないのは大迷惑です。

内容があやふや：たぶん、きっと、おそらく、そんな報告では役に立ちません。

データが間違っている：伝えた事実が間違っていたら、相手に迷惑をかけます。

抜け漏れがある：連絡事項に抜け漏れがあったら、やり直し！　二度手間です。

ダラダラ話が長い：「何を言いたいのかわからない」はNG！整理して話します。

何でも上司に丸投げ：「どうしましょう？」ばかりでは上司もうんざりです。

勝手に判断：緊急度・重要度を少しでも迷ったら、勝手に判断せず即相談します。

タイミングが悪い：緊急度・重要度が明らかに低いことは、忙しいときには話しません。

相手が違う：報連相する相手は合っていますか？　原則は直属上司です。

（4）指示の受け方

　上司や先輩から指示を受けるときの手順は、次のとおりです。座るように促されない限りは、立ったまま指示を受けます。**メモを取るのは鉄則**です。指示を受けるときにメモを取らない人は、信用されません。指示内容でわからないことがあったら、あいまいなままにせず、**必ずその場で確認**します。「承知いたしました」と引き受けたからには、後になって「よくわかっていませんでした」というわけにはいきません。**理解できるまで確認**しましょう。

1. 呼ばれたら「はい」と大きな声ですぐ返事する。

2. 筆記用具を持って、速やかに相手のところに行く。

3. 5W2H を意識してメモを取りながら、相手の指示を聞く。

4. 最後まで聞いたら、わからない点を質問して確認する。

5. 指示内容を復唱して、間違いがないか確認する。

6. 「承知いたしました」と一礼して、席に戻る。

5W2Hとは	
What	何が（目的）
Why	なぜ（理由・背景）
When	いつ（日程・納期）
Where	どこ（場所）
Who	誰（対象者）
How	どのように（方法・手段）
How much	いくら（費用）
(How many)	いくつ（数量）

（5）メモの取り方

　いつでもメモを取れるように、手帳やメモ帳を携帯するか、すぐ取り出せるところに用意しておきましょう。話を聞きながら整理して書くのが難しいなら、その場では自分がわかる程度に走り書きでもメモして、席に戻ってから指示内容を再確認しながらノートや情報端末などに整理して記録します。

そのへんにあった紙の端に書いて、うっかりなくしてしまうことがないように注意しましょう。

えーっと・・・何を、なぜ、いつまでにどこで、誰にどうやってする・・・

あれ？？この間のメモ、どこいっちゃったんだろう？

こんな振る舞いはNG!

呼ばれても返事しない：何はともあれ「はい」と大きな声で返事しましょう。

すぐに行かない：電話中以外はすぐに行く。電話中は手振り等で知らせます。

メモを取らない：「本当にわかっている？」と相手を不安にさせます。

指示の途中で口をはさむ：指示内容を最後まで聞いてから、質問しましょう。

復唱しない：勘違いしていても気が付きません。必ず復唱して確認します。

わかったふり：わからないことをそのままにすると、後で迷惑をかけます。

やってみよう

　以下の文章を読んで、あなただったら上司にいつ相談するか、選択肢から選びましょう（解答は「講義の手引き」参照）。

1. 自己啓発のために受講したい研修がある　　　　　すぐ・早めに・時間があるとき

2. お客様からクレームが入り、対応に迷っている　　すぐ・早めに・時間があるとき

3. 他部門から急ぎの支援要請があり、対応に迷っている　すぐ・早めに・時間があるとき

4. 再来週、できれば有給休暇が取りたい　　　　　　すぐ・早めに・時間があるとき

ヒント

緊急度、重要度はどうですか？　ほかへの影響度はどうですか？
自分にとってではなく、相手や周囲にとってどうか、考えましょう。

やってみよう

　以下の文章を読んで、あなただったら上司にどういう報告をするか、整理してみましょう（解答は「講義の手引き」参照）。

「先週の金曜日は、新入社員全員で、教育部の佐々木トレーナーの引率で、埼玉工場の見学に行きました。現地集合だったので、駅から工場の送迎バスに乗って行きました。駅前のロータリーにはバス停がなく、少し離れたところにあったので迷ってしまいました。幸い、早めに駅についていたので遅刻はしませんでした。工場に着くと、先に到着していた佐々木トレーナーが講堂まで案内してくれて、中村工場長の講話を聴きました。内容は、埼玉工場の概要、生産している主な製品の紹介、環境への取り組みでした。その後、生産管理部の鈴木部長の引率で、生産ラインを見学しました。ほとんどの作業が自動化されていましたが、重要なチェックポイントでは熟練した人の目や手でしっかり確認し、高い品質を実現していることを知り、感銘を受けました。昼食は、埼玉工場の食堂でいただきました。けっこうおいしかったです。社員食堂は、工場内に3か所ありますが、混雑を避けるために時間差で昼食休憩を取るとのことでした。」

ヒント

報告の目的は何でしょうか？　上司にとって重要な内容は何でしょうか？

まとめ

- 報連相は、上司や先輩に促される前に、率先して自分から行う
- 相手にとって重要な情報を整理して、正確・簡潔・わかりやすく伝える
- 相談するときは、自分なりの解決策を考えてから相談する
- 内容の緊急度・重要度によって、適切なタイミングを見計らって伝える

5. メール

> ● 手軽で便利だからこそ、基本マナーを守って活用しよう
> ● 受け手に読んでもらえるように、件名や本文の書き方を工夫しよう

　ビジネスコミュニケーションの手段には、チャット・メール・文書・電話・面談・FAX など複数の方法がありますが、最もよく使われているのがメールかもしれません。一部には、社外にメールできる社員を制限しているところもありますが、多くの企業では社内外との連絡手段として広く使用しています。ビジネス文書と違って、上司の細かいチェックなしで送る場合が多いので、マナーに則ったメールを書くのは自分自身の責任です。基本マナーを踏まえたうえで、受け手に読んでもらえるメールテクニックを学びましょう。

(1) ビジネスメールの基本マナー

　メールは、文書ほど厳密なルールはありませんが、手軽だからこそ気を付けたいポイントがあります。次のような基本マナーを守って活用しましょう。

● 返信はできるだけ早くする

　原則として 24 時間以内に返信するのが目安。質問への回答など、すぐ返信できない場合は、メールを受領したという返事だけでも先に送ります。いつごろ返信できるかも書き添えるとよいでしょう。

● 件名と冒頭数行で用件と趣旨がわかるようにする

　長いメールは読んでもらえません。重要なことがすぐわかるように書きます。

● 相手の迷惑を考える

　容量の重い添付ファイルや過剰な CC（写し）メールは迷惑です。

● 情報セキュリティに配慮する

　見覚えのないメールアドレスからのメールは不用意に読まない、添付ファイルを開かないのが鉄則です。万一ウイルスに感染すると、自分が困るだけでなく他の人にもうつす恐れがあります。

● 個人情報保護に配慮する

　宛先や CC に複数の人のメールアドレスを入れて送るときは、互いにメールアドレスを知らせても差し支えないメンバーかを確認します。**メールアドレスも個人情報**です。知らせる必要がない人同士なら、BCC を使うか、一斉メール自体やめましょう。

● 重要な用件はメールで済ませようと思わない

　メールはあくまで簡便な連絡手段です。重要な用件なら、電話・面談・文書など、他の手段を考えます。また、ひとつの方法に頼らず、最初に電話で概要を伝えて、面談の約束を取り付け、会う前の事前情報としてメールで資料を送り、正式な回答は文書

を持参する、というように**合わせ技でコミュニケーションする**のが、できるビジネスパーソンです。

(2)メールの書き方

以下の例で、メールの基本マナーを確認しましょう。

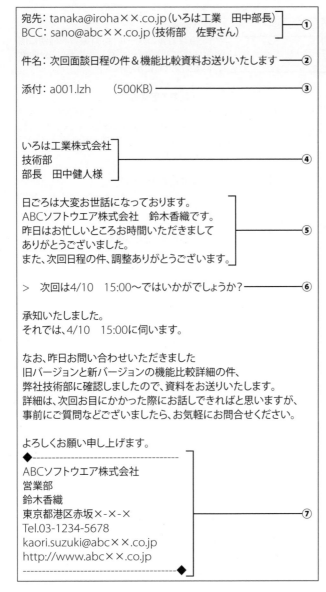

①宛先・CC・BCC
宛先は送信したい相手、CCは写しとして参考までに送信したい相手、BCCは宛先やCCに入れた人に知らせずに送信したい相手を入れる。

②件名
メールの目的や用件がある程度わかるように具体的につける。

③添付ファイル
容量が重いファイルや複数ファイルを送るときはフォルダーにまとめて圧縮。お互いに何らかのファイル預かりサービスを使える場合は活用する（情報セキュリティ上使用を禁止している会社もある）。

④宛名
本文の書き出しに宛名を明記する。特に初めてメールする場合は、会社名・部門名・役職名・氏名を省略せずに書く。

⑤冒頭挨拶
ビジネス文書より簡単でよい。「大変お世話になっております」「はじめてメールさせていただきます」などの挨拶の後、自分の会社名・氏名を名乗る。

⑥引用
履歴を残す目的で相手のメール文をそのまま全文付けて返す場合もあるが、面談日程のやり取り程度なら最小限の引用で十分。どこが引用した部分かすぐわかるように、先頭にマークを付ける（メールソフトの機能で自動的に引用記号を付けられるので設定しておく）。

⑦署名
会社名・部門名・氏名・住所・電話番号・メールアドレスなど、基本情報を簡潔に記述する。広告など長すぎる署名は、何度かやり取りしているうちにうるさくなるので、適度にとどめる。

(3)読みやすさをアップする工夫

　紙の文書より読みにくいと感じやすいので、読みやすさをアップする工夫をします。

　なお、HTML形式を使うと文字の色や大きさを変えて強調するなどの機能がありますが、ウイルス感染の危険が増すなどの理由で使用を禁止している企業もあります。

　以下は、テキスト形式でもできる工夫を紹介しています。

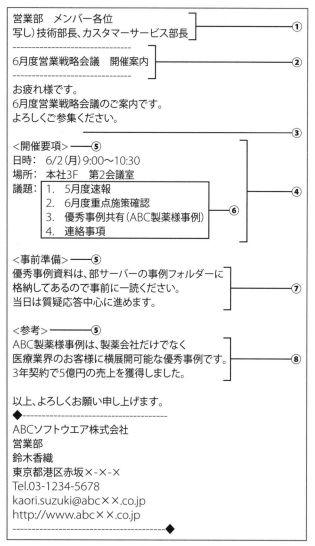

営業部　メンバー各位
写し)技術部長、カスタマーサービス部長　——————①

6月度営業戦略会議　開催案内　——————②

お疲れ様です。
6月度営業戦略会議のご案内です。
よろしくご参集ください。
　——————③

<開催要項>　——⑤
日時：　6/2（月）9:00〜10:30
場所：　本社3F　第2会議室
議題：　1.　5月度速報
　　　　2.　6月度重点施策確認　——⑥
　　　　3.　優秀事例共有（ABC製薬様事例）
　　　　4.　連絡事項
　——————④

<事前準備>　——⑤
優秀事例資料は、部サーバーの事例フォルダーに
格納してあるので事前に一読ください。　——————⑦
当日は質疑応答中心に進めます。

<参考>　——⑤
ABC製薬様事例は、製薬会社だけでなく
医療業界のお客様に横展開可能な優秀事例です。　——————⑧
3年契約で5億円の売上を獲得しました。

以上、よろしくお願い申し上げます。
◆--------------------------------
ABCソフトウエア株式会社
営業部
鈴木香織
東京都港区赤坂×-×-×
Tel.03-1234-5678
kaori.suzuki@abc××.co.jp
http://www.abc××.co.jp
--------------------------------◆

①宛先
複数名宛のメールは、対象者を最初に明記して、自分宛か、写しなのか、一目瞭然になるようにする。

②記号で区切る
タイトルなど目立たせたい部分を、ハイフンなど記号を使って区切ると見やすい。特殊文字は、文字化けする恐れがあるので使わない。

③空行でメリハリ
話の切れ目で空行を入れてメリハリをつける。

④重要なことから書く
メールの用件で重要なことを先に書く。最後のほうに書くと、そこまで読んでもらえない場合がある。

⑤見出しを付ける
トピックがいくつかあるときは、見出しを付けて整理する。タブやスペースを使って位置を揃えると見やすい。

⑥箇条書きを使う
箇条書きは、簡潔に整理する最も基本的な記述方法なので、メールに限らず、ビジネス文書ではお勧め。

⑦意味の切れ目で改行
全体に短文で書くとともに、意味の切れ目で改行する。右側を揃える必要はない。20〜30文字以内で改行すると、読みやすい。

⑧参考情報は最後に区切って入れる
参考情報は、読んでも読まなくても支障がないように、最後に区切って書くと親切。忙しい人は読み飛ばせるし、興味がある人は読む。相手にとって有効かもしれないプラスアルファは、「よかったらお読みください」という姿勢で「参考」と明記して書くとよい。

やってみよう

　以下のメールは、ABC 人材サービス株式会社の中村さんが、取引先であるアイウ産業
株式会社　人事部採用課　河野課長からの質問に回答したメールです。中村さんは、河野
課長とは面識がありません。よくない点を指摘し、どう表現したらよいか考えましょう（解
答は「講義の手引き」参照）。

件名：「お問合せの件」

本文：
アイウ産業株式会社
河野様

メール拝見いたしました。お問合せの件、来月から派遣できるスタッフがいないかとのことで
すが、ご提示いただいた人材要件について社内で検討させていただきました。
Microsoft Officeソフトウエア（Word/Excel/PowerPoint）に習熟したスタッフは多数おり
ます。特にPowerPointが得意なスタッフは豊富におります。Excelは習熟度にバラツキがあ
りますが、河野様からいただいた「Word/Excel/PowerPointで不自由なく一般的な文書が
作成できる」という条件でしたら、問題ないかと存じます。
ただ、Access経験があるスタッフは少ないのが現状です。「Accessの使用経験がある」とい
う条件だけでは判断しかねますので、どの程度の経験が必要か、具体的にお知らせいただけ
ないでしょうか？それによって再度検討させていただきます。
また、3か月毎の契約更新については、問題ありません。
よろしくお願い申し上げます。

ABC人材サービス株式会社
営業部　中村孝一郎
03-XXXX-XXXX
Nakamura@abcXXXX.co.jp
107-00XX　東京都港区赤坂X-X-X
■人材派遣ならお任せ!!只今キャンペーン中
http:// abcXXXX.co.jp/0051.htm
■人材開発メルマガ会員募集中
http:// abcXXXX.co.jp/0024.htm

ヒント

面識がない人に対するメールとして、マナーに則った表現ですか？

何が言いたいか、回答内容がすぐわかりますか？

読みやすい工夫がされていますか？

まとめ

■ ビジネスメールの基本マナーを守って活用する

■ 受け手に読んでもらいやすい件名や本文の書き方がわかる

6. ビジネス文書

> ● ビジネス文書は会社としての公式文書、勝手に作成・提出しない
> ● 基本フォーマットと定番表現を知れば、ある程度のビジネス文書は書ける

ビジネス文書は、**会社としての公式文書**です。メールでも同じですが、特に文書の場合、社外に提出したものは、会社としての回答、見解、意思表示と重く受け取られ、証拠として残ります。気を引き締めて作成し、必ず提出前に上司のチェックを受けましょう。内容によっては、直属上司の許可だけでは提出できない場合もあります。作成方法は、**基本フォーマット**と**定番表現**があるので、思っているほど難しくはありません。テキストを見ながら、ルールどおりに作成しましょう。

（1）ビジネス文書の基本フォーマット

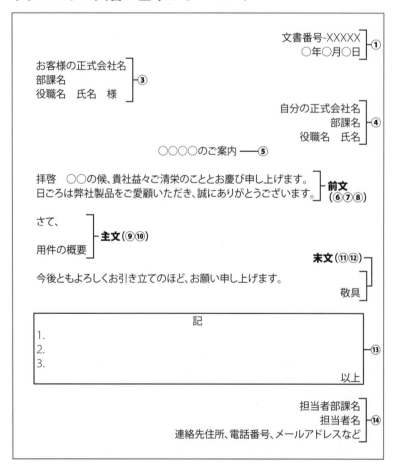

①文書番号

自社のルールに従って付ける。多くの場合、文書の種類別や部門別にルールがある。

②日付

日付は、作成日ではなく**発信日**。「令和○年○月吉日」とあいまいにする方法もある。和暦・西暦は自社のルールに従う。

③宛名

正式な社名・部課名で書く。（株）と省略せず「株式会社」と書くこと。なお、社名を間違えるのは何よりも失礼なので、記述する際には必ず名刺などで確認する。

役職名は、氏名の前に書いてスペースを入れてから、氏名をフルネームで書き、「**様**」を付ける。個人宛ではなく会社や団体の場合は「**御中**」、不特定多数の関係者宛は「**各位**」を付ける。

　例：部長　高木裕也様、ABC システムズ株式会社御中、お客様各位

④発信者名

宛名と同様に、**正式な社名・部課名**で書く。原則、この文書の内容に責任を持つ役職者の名前にする。例えば、新商品発表会の案内は、担当者の名前ではなく、開催側のトップの名前にする（社長、事業部長、部長など）。その場合は、問い合わせ先として担当者の詳しい連絡先は、文書の最後に記載する。自社のルールに従って、必要に応じて会社印や部門印を捺印する。

⑤タイトル

簡潔かつ内容がわかりやすいタイトルを心がける。例えば、新商品発表会の開催を知らせるものであれば「新商品発表会について」ではなく、「新商品発表会開催のご案内」としたほうがわかりやすい。

⑥頭語

オールマイティなのは「**拝啓**」、対になる結語とセットで使用し、字下げしない。

　例：拝啓－敬具

　　　拝復－敬具（返事の文書の書き出し。返事も「拝啓」でも構わない）

　　　謹啓－謹言（「拝啓」よりかしこまった表現。結語は「敬具」でもよい）

　　　前略－草々（前文省略の意味なので、前略と書いたら、前文なしで用件に入る）

⑦時候の挨拶

「○○の候　貴社ますます…のこととお喜び申し上げます。」が基本形。

「○○の候」は**季節の言葉**、「貴社ますます…」は**相手の繁栄を喜ぶ言葉**。「時下ますますご清栄のこととお喜び申し上げます。」は1年中使えるが、季節に合わせたほうが丁寧。

　＜季節の言葉＞

　1月　厳寒の候　厳冬の候　初春の候　寒さことのほか厳しき　寒さ厳しき折

　2月　立春の候　向春の候　春寒の候　立春とは名ばかりの寒さが続きます

　3月　早春の候　春暖の折　ひと雨ごとに春らしくなってまいりました

4月	仲春の候　陽春の候　春暖の候　桜花の候　若草萌える季節になりました
5月	新緑の候　晩春の候　若葉の季節　風薫るさわやかな季節になりました
6月	初夏の候　梅雨の候　うっとおしい梅雨の季節となりました
7月	盛夏の候　暑さ厳しい折　いよいよ本格的な夏をむかえ
8月	残暑の候　晩夏の候　暑さもようやく峠をこえ
9月	初秋の候　新涼の候　さわやかな初秋の季節となりました
10月	仲秋の候　木々の紅葉も日ごとに深まり　秋たけなわの今日この頃
11月	晩秋の候　初霜の候　落ち葉舞う季節となりました
12月	初冬の候　師走の候　あわただしい歳の瀬をむかえ

＜相手の繁栄を喜ぶ言葉＞

例：貴社ますますご清栄のこととお喜び（お慶び）申し上げます。

　　貴社ますますご隆盛のこととお喜び（お慶び）申し上げます。

　　貴社いよいよご発展のことと拝察申し上げます。

⑧日ごろのお礼

時候の挨拶に続けて、日ごろのお付き合いや取引に対するお礼の言葉を加える。

例：平素は格別のご高配を賜り、厚く御礼申し上げます。

　　平素は格別のご愛顧を賜り、厚く御礼申し上げます。

　　日ごろは格別のお引き立てを賜り、誠にありがとうございます。

　　平素は格別のご厚情を賜り、誠にありがとうございます。

⑨起こし言葉

前文から主文に入るときの「**切り替え**」に使う。オールマイティな言葉として「**さて、**」がある。

⑩用件

用件を文章で書く。主文では箇条書きは使用しない。複雑になる場合は概要だけ書いて、詳細は結び言葉の後に別記として書く。別記には箇条書きも使用できる。

⑪結び言葉

末文の挨拶。これからもよろしくというメッセージのほか、返事をもらいたいなど特別な事情がある場合は、それに合わせた表現を加える。

例：今後とも一層のご高配を賜りたく、よろしくお願い申し上げます。

　　今後ともご愛顧のほど、よろしくお願い申し上げます。

　　まずは略儀ながら、書中をもってご挨拶申し上げます。

　　まずはとり急ぎご挨拶まで。今後ともよろしくお願い申し上げます。

　　まずは取り急ぎ書面にてご案内申し上げます。

　　誠に勝手ながら、折り返しご返事いただきたくお願い申し上げます。

　　誠に恐縮ですが、ご返送くださいますようご配慮のほどお願い申し上げます。

⑫結語

頭語のところで解説したとおり、頭語とセットになっている結語で締めくくる。

「**拝啓**」に対して「**敬具**」が一般的。**結語は右揃え**にする。

⑬別記

詳細情報を記載するには、別記として箇条書きなどで書くとわかりやすい。

「**記**」と**中央揃え**で書いて、それ以下に情報を整理して書く。添付資料がある場合は、添付資料のリストも明記する。最後は「**以上**」と**右揃え**で書いて締めくくる。

⑭問い合わせ先など

右揃えで担当者の連絡先などを詳しく書く。

（2）文書例－資料送付状

社外に何らかの資料を送るときに添付します。何を同封したか明記することで、確認にもなります。文面は使いまわしできるので、1枚作成しておくと便利です。

```
                                        文書番号-XXXXX
                                        ○年○月○日

 イロハ工業株式会社
 総務部
 部長　石川貴志　様

                                   ABCシステムズ株式会社
                                        営業部
                                        坂井優奈


                 資料送付のお知らせ

 拝啓　○○の候、貴社益々ご清栄のこととお慶び申し上げます。
 日ごろは格別のご高配を賜り、誠にありがとうございます。

   さて、○○の件、お問合せありがとうございました。ご要望いただきました資料一式、
 お送りいたします。ご査収お願い申し上げます。
 内容について、ご不明の点などございましたら、下記までお気軽にご連絡ください。

   まずは取り急ぎ、資料送付まで。
 今後ともよろしくお引き立てのほど、お願い申し上げます。
                                           敬具
                    記
 （同封）
 1. ○○資料          1部
 2. ○○パンフレット    1部
 3. ××カタログ       1冊
                                           以上
             ＜お問合せ先＞
             ABCシステムズ株式会社
             営業部　坂井優奈　（さかい　ゆうな）
             03-1234-5678（直通）
             yuuna.sakai@abc××.co.jp
             〒107-00××　東京都港区赤坂×-×-×
```

● 発信者名は、相手と同格の部長名、または、資料を送付する本人（担当者）にします。内容の重要度によって変わるので、発信者名を誰にするかは、必ず上司に相談します。

● お客様がいつでも問合せできるように、担当者の電話番号やメールアドレス明記をします。

(3) 文書例－FAX送信票

　FAX送信票も基本パターンを作っておくと便利な文書のひとつです。

　送付先、日時、枚数、件名だけ記入すれば、後はそのまま使えます。

FAX送信票　　　　　1/3

【送付先】
イロハ工業株式会社
総務部
部長　石川貴志　様
TEL.　03-0000-0000
FAX.　03-0000-0000

【発信元】
ABCシステムズ株式会社
営業部
坂井優奈
TEL.　03-XXXX-XXXX
FAX.　03-XXXX-XXXX

【日時】　　○年○月○日　10:30
【枚数】　　本書を含めて　**3**枚

【件名】

注文請書送付の件

　拝啓　○○の候、貴社益々ご清栄のこととお慶び申し上げます。
日ごろは格別のご高配を賜り、誠にありがとうございます。

　　さっそくですが、添付のとおり、FAXお送りいたします。
よろしくご査収お願いいたします。
今後ともよろしくお引き立てのほど、お願い申し上げます。

敬具

● FAX送信票であることがすぐわかるように「FAX送信票」は大きな文字にします。

● FAXは誰の目に触れるかわからないので、**機密情報の送付には使えません**。FAX送信
　票にも必要以上の情報を記載しないように注意します。

● すべて受け取ったか確認できるように、枚数は必ず明記します。手書きでもよいので、
　全ページの同じ位置（右上の欄外など）に1/3、2/3、3/3というように通し番号を振
　ります。

● FAXの機種によって異なりますが、上下の余白位置に電話番号や発信者名などが自動
　的に印字される場合があるので、余白ギリギリまで文字を書かないようにします。

（4）文書例－見積書

　ビジネス文書は、原則文章だけで記述しますが、取引に関わる各種フォームは、数量や金額を整理して記述する場合が多いので、表形式を含むものが多数あります。見積書もそのひとつです。

文書番号-XXXXX
〇年〇月〇日

いろはフーズ株式会社　御中

ABCソフトウエア株式会社
代表取締役社長　飯島一成
（社印）

御見積書

下記のとおり御見積申し上げます。
よろしくご検討お願い申し上げます。
見積有効期限：〇年×月×日

御見積金額	**¥2,440,000**		
品名	数量	単価	合計
ソフトウエアライセンス料	200本	¥5,000	¥1,000,000
サーバーレンタル料	2台	¥200,000	¥400,000
端末（Aタイプ）	100台	¥10,000	¥1,000,000
出張操作教育サービス	4回	¥60,000	¥240,000
小計			¥2,640,000
特別値引			-¥200,000
合計			¥2,440,000

注意）　上記は消費税を含んだ金額です。

● 見積書のようなフォーム類は、失礼にならない程度に、簡潔に記述します。

● 見積書は、お客様に価格を提示する重要な書類です。内容に責任を持つ人の名前で提出します。金額やその内訳、**有効期限を明記**して、会社のルールに従って正式文書として社印を押すなどします。

やってみよう

　次の文書例を参考に、資料送付状を作成しましょう（解答は「講義の手引き」参照）。

　あなたは、ABC エンジニアリング株式会社　開発部　部長　森田浩司様から、新製品A について資料請求をいただいたので、パンフレット5部、注意制限事項説明資料1部を送ります。発信者名・問合せ先ともに、自分自身にします。

まとめ
■ ビジネス文書の基本フォーマットを見ながら、ルールどおりに文書が作成できる

7. 電話

> ● 定番のトークをマスターして、礼儀正しい受け答えで信頼を得よう
> ● 相手の時間に割り込んでいることを自覚して、効率的に話す工夫をしよう

　メールと並んで、日常的な連絡手段が電話です。いつ読まれるかわからないメールと違って、すぐに相手と話せるので、緊急の場合にも使われます。声のトーンで気持ちを表すなど、**メールよりもニュアンスがしっかり伝えられる**のもよい点です。一方で、相手の時間に突然割り込むので、**タイミングが悪いと迷惑になる恐れ**もあります。また、その場で臨機応変なトークが求められるので、失礼がないように、基本マナーとビジネス上の定番トークを覚えて早く慣れましょう。

(1) 電話の基本マナー

　ビジネスでの電話は、相手の迷惑にならないように、**礼儀正しく**、**簡潔に済ませる**のが鉄則です。好印象を与えるために、以下のマナーを守ります。

事前準備をする 	● 受けるときも、かけるときも、電話中に探し物をしたり慌てずに済むように、筆記用具やメモ、よく参照する資料は、すぐ取り出せるところにいつも用意しておきます。 ● かけるときは、相手の会社名・部課名・氏名・電話番号がわかるもの（名刺など）と、必要な資料を用意し、用件を5W2Hで整理して書き出してからかけます。
かかってきた電話はすぐ出る 	● かかってきた電話は、3コール以内に出ます。 ● 3コール以上待たせた場合は「大変お待たせしました」と一言添えます。 ● ビジネスの電話では「もしもし」は不要です。
かけるときは相手の都合を考える 	● 昼休み中は、急ぎでない限り避けます。どうしてもかけなければならない場合は「お休み時間中に申し訳ありません」とはじめにお詫びします。 ● 相手が忙しい時間帯がわかっている場合は、それを避けます。 ● 用件に入る前に、「今、お時間よろしいでしょうか」「○分程度お話してもよろしいでしょうか」と、話す時間があるかどうか確認します。
名乗る 	● かけるときは、会社名・部課名・名前をはっきり名乗ります。 ● 受けるときも、代理で応対して伝言を預かった場合は、「○○が承りました」と責任を持って名乗ると、相手に信頼感を与えます。

正しい姿勢で明るくハキハキと話す

- 姿勢や表情は声に表れます。背筋を伸ばして、口角を上げて、笑顔で話します（クレーム対応を除く）。
- 相手に聞きやすいように、ハキハキ話します。

お客様や目上の人にはコールバックさせない

- 原則として、お客様や目上の人にコールバックをお願いするのは失礼です。電話口に出た人は礼儀として「こちらからかけさせましょうか？」というかもしれませんが、緊急かつ重要でやむを得ない場合以外は避けましょう。

聞き取りにくい語は工夫する

- 聞き間違いを防ぐために、電話番号の数字やアルファベットの綴り、名前の漢字など、発音や言い方を工夫します。
  4＝ヨンと発音、7＝ナナと発音
  A＝appleのA など、簡単な単語を例に挙げて言う
  川井＝三本川の川に井戸の井、など漢字を補足説明する

取り次ぐときは保留する

- 取り次ぐときは保留して、こちらの話が相手に聞こえないように配慮します。社内のやり取りが筒抜けはNGです。
- 保留、転送といった操作は間違いなくできるようにします。うっかり電話を切ってしまうといったミスがないようにします。

こんな電話はNG！

「もしもし」：ビジネスでは「もしもし」と言わないようにします。

ながら電話：何かしながら電話すると、うわの空なのが伝わります。

メモや資料を探す：電話しながらメモや資料を探さず、準備してからかけます。

だらしない姿勢：だらしない姿勢で話すと、緊張感がないのが伝わります。

電話に出ない：オフィスにかかってきた電話は、若手が率先して出ましょう。

保留しない：取り次ぐときに保留しないと相手に筒抜けです。

伝言を忘れる：伝言を受けたら、確実に伝えます。すぐメモしないと忘れます。

うるさい場所でかける：相手が聞きやすいように静かな場所でかけましょう。

いつでもかける：昼休みや、相手の業務によって忙しい時間帯を避ける配慮を。

電話している近くで騒ぐ：他の人が電話している近くでは、私語を慎んで静かにします。

間違い電話に冷たい：間違い電話もお客様、丁寧に対応します。

お客様より先に切る：相手が切ったのを耳で確認します。原則は、かけたほうが先に切ります。

コールバックを忘れる：「かけ直します」と言ったら、約束どおりかけます。

(2)電話のかけ方

電話をかけるときの**標準的な流れ**と、**定番トーク**を覚えましょう。

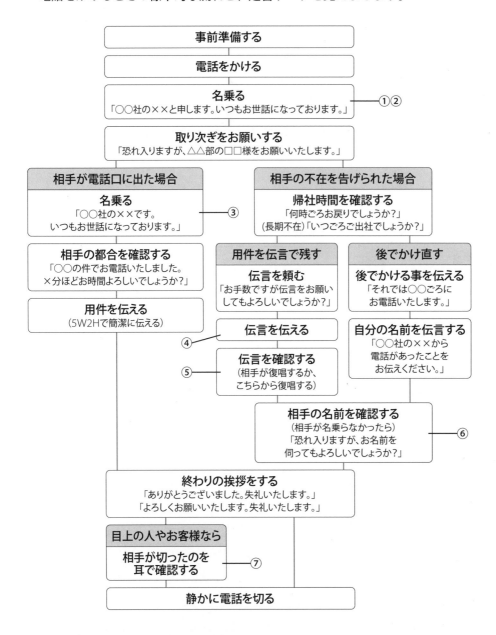

①「お世話になっております」は決まり文句

はじめてかける会社でも「お世話になっております」といいます。決まり文句なので、スラスラ言えるようにしましょう。

②相手が名乗らなかったら会社名を確認する

万一相手が会社名を名乗らなかったら「○○社様でしょうか？」と確認します。

③相手に合った挨拶をアレンジする

目的の相手が出たら、「いつもお世話になっております」のかわりに「先日はありがと

うございました」「ご無沙汰をしております」「はじめてお電話させていただきます」など、相手に合った挨拶をします。

④伝言は最小限にする

長い伝言は嫌がられます。そのとおりに相手がメモして伝えてくれるとは限りません。要点をまとめて簡潔に、必要最小限の伝言にします。重要な用件を伝言のみで済ませるのは感心しません。後からもう一度電話するか、メールなどを使って、**確実に相手に伝わったか確認**しましょう。

⑤伝言は復唱して確認する

本来は伝言を受けた側が復唱するのがマナーですが、万一相手が復唱しなかったら、「では、確認のために要点だけもう一度申し上げます」などと言って念押ししてもよいでしょう。

⑥伝言した相手の名前を控える

伝言を依頼したら、受けてくれた人の名前を確認してメモしておきます。伝言を受けた側が名乗るのがマナーですが、もし相手が名乗らなかったら「恐れ入りますが、お名前を伺ってもよろしいでしょうか？」と確認します。

⑦相手が目上の人やお客様なら、相手が切ってから切る

基本は「かけたほうが先に切る」ですが、相手が目上の人や大切なお客様の場合は、相手が切るのを待って切ったほうが丁寧です。必ず耳で確認します。

■やってみよう

2人一組で、電話をかける練習をしましょう（解答は「講義の手引き」参照）。

電話をかける流れを見ながら、定番トークを練習します。

相手役は以下のとおり受け答えします。

相手役：「大変お世話になっております。ABC 商事です。」

あなた：（会社名と氏名を名乗って、開発部の中村部長に取り次ぎを依頼する）

相手役：「開発部の中村ですね。ただいま確認いたしますので、少々お待ち下さい。」

あなた：（お礼を述べる）

相手役：「お待たせいたしました。中村は、あいにく外出しております。15時ごろ戻る予定です。」

あなた：（15時過ぎに改めて電話するので、電話があったことだけ伝えるよう依頼する）

相手役：「承知いたしました。総務部の○○が承りました。」

あなた：（最後の挨拶）

相手役：「失礼いたします（電話を切る）。」

(3) 電話の受け方

電話を受けるときの**標準的な流れ**と、**定番トーク**を覚えましょう。

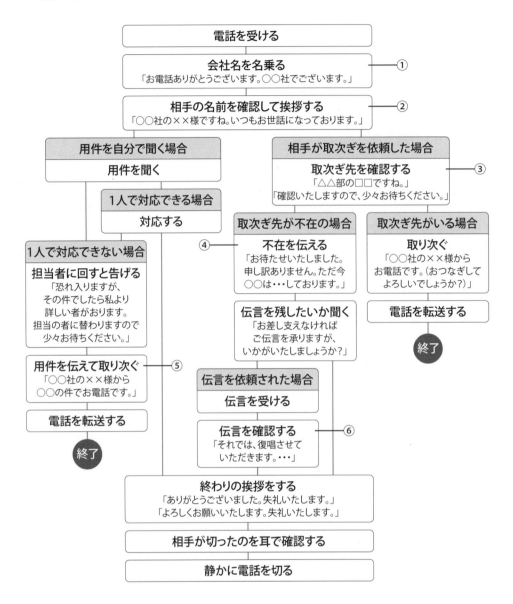

①会社名を名乗るときは、プラス一言を工夫する

「お電話ありがとうございます」「おはようございます」（午前10時頃まで）など、状況に応じて**プラス一言**があると感じよく聞こえるものです。明るい声でハキハキと名乗りましょう。

②名乗らない相手には確認する

相手が会社名や氏名を名乗らないときは、「失礼ですが、どちらの○○様でしょうか？」「失礼ですが、お名前を伺ってもよろしいでしょうか？」「恐れいりますが、どのようなご用件でしょうか？」と**確認してから取り次ぎ**ます。答えない場合は、取次ぎ先に事情を説

明して取り次いでよいかどうか確認します。親しいお客様の場合もありますので丁寧に応対しましょう。

③取り次ぎの定番トークは「確認いたします」

在席していても事情があって出ないかもしれないので、**確認するというのが定番**です。

④不在理由は適切に伝える

不在理由は、「席を外している」「外出している」「会議中」「来客中」など、相手に失礼にならないように注意をして伝えます。外出先や会議の名前など、具体的な情報を**安易に知らせない**ようにします。

⑤担当者に取り次ぐときはきちんと用件を伝える

担当者に取り次ぐときは、自分がそれまでに聞いた情報を整理してすべて伝えます。

⑥伝言は必ず復唱する

伝言は復唱します。5W2Hを意識しながら、不足な情報があれば質問し、**相手の連絡先（電話番号など）も確認**します。「□□さんがご存知です」といわれても「念のため伺ってもよろしいでしょうか？」といえば教えてくれます。最後に「○○部の××が承りました」と**名乗ることも忘れない**ようにします。

やってみよう

2人一組で、電話を受ける練習をしましょう（解答は「講義の手引き」参照）。

電話を受ける流れを見ながら、トークを考えます。相手役は以下のとおり受け答えします。

あなた：（会社名を名乗る）

相手役：「大変お世話になっております。いろは工業の佐々木と申します。
　　　　　恐れ入りますが、調達部の石川部長をお願いいたします。」

あなた：（取り次ぐので待ってほしいと伝える）

相手役：「はい。よろしくお願いいたします。」

あなた：（不在とその理由を伝える）

相手役：「さようですか。お手数ですが、伝言をお願いしてもよろしいでしょうか？」

あなた：（承知する）

相手役：（適当な伝言を述べる）

あなた：（伝言を受ける）

相手役：「ありがとうございました。失礼いたします。」

まとめ

■ 電話を受けるとき、電話をかけるとき、定番トークをスラスラ言える

8. 面談

> ● 他社に訪問するときは、身だしなみ、言葉使い、立ち居振る舞いに気を配ろう。
> ● 名刺交換はビジネスパーソンの基本動作、考えなくても自然にできるように練習しよう。

　面談とは、人と会って話すことです。営業職はもちろんですが、他の職種でも、さまざまな用件で**他社を訪問して人に会う**機会があります。名刺交換の立ち居振る舞いなど、訪問や面談の基本マナーを学びましょう。

（1）訪問の基本マナー

　他社を訪問するときの準備から、訪問先での立ち居振る舞いのポイントは次のとおりです。

事前準備する

- ● 訪問目的を明確にします。上司や先輩に同行するなら事前確認します。
- ● 伝えることは、5W2H に注意して事前に整理します。
- ● 打ち合わせに必要な資料・筆記用具・その他の持ち物を用意します。
- ● 名刺入れにキレイな名刺が十分な枚数入っているか確認します。
- ● 訪問先の住所・電話番号、相手の部課名・氏名がわかる場合はその情報を持参します。万一遅れる場合に途中で連絡するためと、相手の受付で訪問先を正確に告げるためです。

早めに自分のオフィスを出る

- ● 出かける前に、身だしなみをチェックして整えます。
- ● 訪問先への交通手段と所要時間、駅からの地図を確認し、約束の遅くも 10 分前には到着するようにオフィスを出ます。万一の交通機関の遅れも想定して、余裕のある行動を。

訪問先の会社に入る

- ● 入る前にコートを脱いだり、ジャケットを着るなど、身だしなみを整えます。脱いだコートは片手に持ちます。
- ● 入る前に携帯電話をオフまたはマナーモードにします。
- ● 入る前に名刺入れを出しやすいところに用意しておきます。

受付で取り次ぎを依頼する

- ● 受付がある場合は、訪問先のルールに従って取り次ぎを依頼します。訪問者カードの記入が必要な場合もあります。
- ●「○○株式会社の ×× と申します。総務部の佐藤様と 14 時にお約束をいただいています。よろしくお願いいたします。」と姿勢よく声をかけます。

応接室・会議室で待つ 	● 応接室・会議室・打ち合わせコーナーなど、案内された席に着いて待ちます。お客様先であっても、訪問者が上座になります。 ● コートは椅子の背か、空いている椅子の上に軽くたたんで置きます。鞄は足元など邪魔にならないところ、手土産は面談の最後に渡すので（お中元・お歳暮・お詫びなど、手土産の持参が主目的の場合は先）、床に置かず空いている椅子の上などに置きます。 ● 相手が来たらすぐ立てるよう、ソファーは浅く座ります。 ● 灰皿があっても、勝手にタバコを吸わないようにします。待っている間に出されたお茶やコーヒーは、手を付けて構いません。
名刺交換する 	● 相手が来たら、椅子から立って挨拶します。 「本日はお時間をいただき、ありがとうございます」 ● 名刺交換のルールに従って、ひととおり名刺交換します。 ● いただいた名刺は、相手の席順に合わせて机の上に並べて、名前と顔が一致するまで出しておきます。ある程度経ったら、名刺入れにしまっても構いません。名刺は丁寧に取り扱います。
面談する 	● 相手が席に着いてから出されたお茶やコーヒーは、勧められるか相手が飲むまで待ちましょう。 ● 面談中は、原則として携帯電話には出ません。 ● 面談中に、机の上に並べた相手の名刺を落としたり、資料に紛れて忘れてくることがないように注意します。 ● 後から遅れてきた人など、すぐに名刺交換するタイミングを逸した場合は、面談終了時に「ご挨拶が遅れて申し訳ありません」といって名刺交換します。
訪問先から出る 	● 面談が終了したら、面談のお礼を述べて部屋から出ます。 ● 相手がエレベーターや玄関まで見送ってくれたら、別れ際にもお礼を言ってドアが閉まる直前にお辞儀をし、ドアが閉まるまで頭をあげません。しばらく姿が見える場所で別れた場合は、少し歩いた先でもう一度振り返ってお辞儀します。 ● コートは「寒いですから、こちらでお召しになってください」と強く勧められない限り、お客様先を出てから着ます。
フォローする 	● 訪問先から帰ったら、当日あるいは翌朝、面談のお礼メールを送ると丁寧です。「ご多忙のところお時間いただきましてありがとうございました」というお礼と、面談内容の簡単な振り返り（決定事項など）程度の短いメールで構いません。 ● 大切なお客様の場合は、誠意を表すためにお礼のはがきを手書きする場合もあります。 ● 面談時に約束したことは確実にフォローします。

こんな訪問はNG!

だらしない身だしなみ：他社を訪問するときは、いつも以上に身だしなみに注意します。

忘れ物：持って行くのを忘れる、訪問先に忘れてくる、どちらも NG です。

遅刻・長居：約束時間は厳守です。予定時間を超過して長居するのも迷惑です。

目的が不明：何をしに来たのかわからない訪問は問題外です。用件を整理しておきます。

（2）名刺交換のルール

名刺交換にはルールがあります。自然にできるようになるまで、何度も練習しましょう。

立ち上がって相手と向き合う

- 名刺交換は立って行います。
- テーブル越しに渡すのは失礼なので、席から立って向かい合えるところに移動します。
- 相手が複数名いる場合は、役職が高い人から順に交換します。こちらも複数名の場合は、お互いに役職が高い順なので、上司と同じ順番で、上司が交換し終った人と交換すればスムーズです。

目下の人から名刺を差し出す

- 名刺を名刺入れ（2つ折りの開くほうを自分側）の上に相手に向けて乗せ、両手で持ちます。
- 目下の人のほうが先に、相手の顔を見ながら会社名・（部課名）・氏名をはっきり名乗って、名刺を差し出します。
- 原則は両手で差し出しますが、やり取りが同時になる場合は、右手で自分の名刺を出しながら、左手で相手の名刺を名刺入れの上に受け取るようにして、右手が開いたら両手で相手の名刺をしっかり持ちます。

相手の名刺を両手でいただく

- 相手の名刺を受取るときは、「頂戴いたします」と言いながら、軽く頭を下げるように会釈します。
- 受け取った名刺は、名刺入れの上に両手で持ちます。

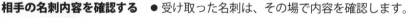

相手の名刺内容を確認する

- 受け取った名刺は、その場で内容を確認します。
- 名前がめずらしい場合は、フリガナやメールアドレス、裏面のローマ字表記などをさっと確認し、「○○○○とお読みするのですか？」など確認します。読めない場合は「なんとお読みするのですか？」と聞き「めずらしいですね」「素敵なお名前ですね」など話題にしてもよいでしょう。

こんな名刺交換はNG！

名刺入れを探してゴソゴソ：さっと取り出せるところに用意しておきましょう。

名刺がヨレヨレ：折れていたり汚れている名刺は失礼です。キレイな名刺を用意しておきます。

上司より先に名刺交換：順序は必ず守りましょう。勝手に動かず、周りの流れに合わせます。

途中で足りなくなる：会う人数を想定して、多めに持参しましょう。

その場で書き込みをする：面談日や用件など後でメモするのはOK、相手の前ではNGです。

置き忘れてくる：相手の名刺を資料に紛れて落としたり、置き忘れないようにしましょう。

(3) 面談の流れ

気持ちよく面談を進めるために、以下の流れを参考にしましょう。

ちょっとした雑談から入る 	● いきなり本題に入る前に、少し場を和ませるための雑談をするのが普通です。天候や季節の話で十分です。 「今日も暑いですね。真夏日が10日も続いているそうですよ」 「めっきり秋らしくなりましたね」 ● 限られた時間をいただいて面談するので、長々と雑談するのは控えます。
本題に切り替える 	● 「本日はお忙しいところお時間いただき、ありがとうございます」 「さて、本日お伺いしたのは・・・」など本題へ切り替えます。 ● 雑談が長引きそうになったら、資料を配ったり、自分のノートを開くなどしながら、仕事モードに切り替えるとよいでしょう。
本題を話す 	● あらかじめ整理しておいた用件を話します。 ● 「本日の議題」など、トピックスを箇条書きにして相手に渡すと、面談の目的や内容が明確になって、タイムマネジメントもしやすくなります。
面談を締めくくる 	● 面談終了予定時間が近づいたら、まとめに入ります。 ● 決定事項をその場で整理して、相手に確認します。宿題がある場合は、何を、誰が、いつまでに、どうするのか、明確にします。 ● 相手も自分も時間延長が可能で、よい議論が活発にされている場合は、そのまま延長することもあります。 ● 相手が、時計を気にしたり、資料や筆記用具など机の上を片づけたら、面談を切り上げたいサインです。無理に話し続けるのは逆効果になります。

やってみよう

2人一組で、名刺交換の練習をしましょう。

1対1がスムーズにできるようになったら、2（上司・部下）対2（上司・部下）になって、正しい順番で名刺交換する練習をしましょう。

まとめ

■ 他社に訪問するときの立ち居振る舞いがわかる

■ 名刺交換の順序とルールがわかり、自然に名刺交換できる

■ 面談時間を有効に使って、用件を伝え、話し合い、決定事項を念押しできる

9. プレゼンテーション

> ● プレゼンテーションの企画、準備、実施の流れを理解しよう
> ● 聞き手の立場に立って考え、理解、納得、行動を促すプレゼンテーションをしよう

　プレゼンテーションとは、報告、説明、提案など、聞き手に伝えたいことを話す「**発表**」です。目的、規模、実施方法は、さまざまなパターンがあります。営業職が**お客様に提案**するプレゼンテーションを思い浮かべる人も多いと思いますが、職種に関わらず、自分の**活動状況を上司や同僚に報告**したり、**仕事の成果を説明**する場はあります。プレゼンテーションスキルは、すべてのビジネスパーソンが、身に付けておきたいスキルのひとつです。ここでは、プレゼンテーション実施の流れと、**聞き手に理解、納得、行動してもらうため**のポイントを学びましょう。

（1）プレゼンテーション実施までの流れ

　プレゼンテーションは、大きく分けると、**企画段階、準備段階、実施段階**に分かれます。それぞれの段階で注意するポイントを確認しましょう。

● 企画段階

目的とゴールを明確にする

- ● プレゼンテーションの目的を明確にします。

情報伝達のプレゼン	理解（何をどう理解してほしいか）
説得のプレゼン	意志決定（何を決めてほしいか）
楽しませるプレゼン	満足（どういう気持ちになってほしいか）

- ● プレゼンテーションのゴールを明確にします。
  　プレゼン終了後、どうなっていたら成功なのかを具体的に。

聞き手のニーズを予測する

- ● 聞き手に関する情報収集を行い、何を聞きたくてプレゼンテーションの場に来るのか、ニーズを予測します（仮説立案）。
- ● 企画や提案を説明して説得する場合は、聞き手の課題にマッチした提案にするために、どういう課題を持っているのか、考えます。

ストーリーを決める

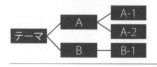

- ● 目的とゴールの設定、聞き手のニーズ予測がある程度できたら、それに合わせて、プレゼンテーションのストーリーを考えます。

● 準備段階

発表資料を作成する

- ストーリー構成が決まったら、発表資料を作成します。
- 一般的には、Microsoft PowerPoint を使います。
- 正確、簡潔、わかりやすい文章に加えて、訴求力をアップするビジュアル化の工夫をします。
- 発表時間に対して、適切な情報量を心がけます。スライドが多すぎる、1枚に情報を盛り込み過ぎるなど、情報量が多いと結局何が言いたいのかわからなくなります。

当日までの準備を行う

本番の
つもりで
リハーサル
…

- 必要な機材や持ち物をリストアップして揃えます。
- 質問を想定して、回答を考えておきます。重要なプレゼンテーションなら、想定質問回答集を用意しておきます。
- トークシナリオや時間配分を考えます。トークシナリオは、話し言葉ですべて書き出すと頭にしっかり入りますが、時間がなければ箇条書き程度でもよいので整理しましょう。
- リハーサルを行い、自然に話せるようになるまで練習をします。

● 実施段階

プレゼンを実施する

- 発表当日は、身だしなみを整えて、リハーサルで練習したとおり、堂々と話します。
- どういう質問が出たか控えておきます。プレゼンターがメモするのは難しいので、できれば同行した他の人がします。

フォローする・振り返る

- 当日回答できなかった質問は、後日調べてフォローします。
- それ以外にも宿題があれば、忘れず早めに対応します。
- 自分が行ったプレゼンテーションについて振り返り、気付いた点、改善点などを整理します。次回のプレゼンに役立ちます。

(2) 論理的なストーリー構成

　ストーリー構成の基本は、**序論→本論→結論**です。適切な序論が、聞き手の理解を助けます。本論に入る前に「今日のポイントは3つあります」「今日はこういう流れでお話しします」「今日、判断していただきたいポイントはこれです」など、**これから何を伝えよ**うとしているのか説明しておくと、聞き手は聞く準備ができるからです。

序論	**本論**	**結論**
これから何を伝えようとしているのか、ごく簡単に結論を述べる	内容をストーリーに沿って説明する	再度結論を述べるポイントをまとめて印象づける
簡単に	詳細に	簡単に

　ストーリー構成を整理するときは、**ツリー構造**で考えると、シンプルにまとまります。テーマについて、伝えたいメッセージがA・B・Cと3つあるなら、序論で「本日のポイントはA・B・Cと3つあります」と伝えてから、本論で「1つ目は…」「2つ目は…」「3つ目は…」と順番に説明し、結論で念押しするのが最もシンプルでわかりやすいストーリーです。

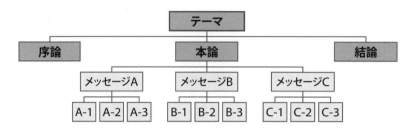

(3)正確・簡潔・わかりやすい文章

　発表資料はビジュアルに作るもの、と思うかもしれませんが、資料のなかの**文章がしっかり書けていることが基本**です。箇条書きで言いたいことが伝わるなら、それで十分です。むやみにビジュアル化して時間をかけて作るより、短時間でわかりやすい資料が完成したほうがよいからです。

- **正確な文章**

　記述内容に間違いがない、あいまいな表現ではなく事実を明確に示しているなど。

- **簡潔な文章**

　ダラダラ文章で書かず、箇条書きを使うなど短い文章に整理する。

- **わかりやすい文章**

　専門用語や略語を使用するなら、補足説明を注釈として付けるなど配慮する。

(4)訴求力をアップするビジュアル化

　ビジュアル化とは、視覚に訴える表現方法です。主なテクニックには、以下があります。文章では伝えにくいことは、ビジュアル化テクニックを使って補足しましょう。

- **チャート（図解）**
- **表・グラフ**
- **イラスト・写真・動画・音声などのマルティメディア**

　目に見えないもの（概念、考え方、手順など）を説明するときは、文章よりも**メッセージ構造を図にしたチャート**があると直感的に理解できる場合があります。数値データは、羅列するより**表形式**で整理したり、**グラフ**で数値の傾向をアピールします。目に見えるものは、**イラスト**で補足したり、写真・動画・音声など**実物を示したほうがリアル**に伝わります。

チャートは、キーワード同士の関係によって、**並列**、**対比**、**推移**、**成長**、**収束**、**拡散**、**循環**、といった基本パターンがあります。基本パターンの組み合わせで、メッセージを図にしましょう。

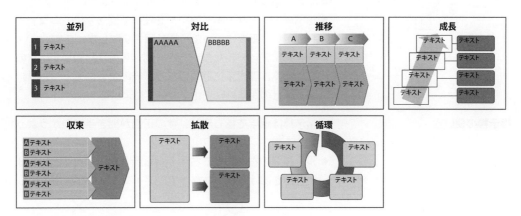

(5) プレゼンの成功率を高めるリハーサル

プレゼンテーションの準備のなかで、最も重要なのが**リハーサル**です。発表資料を見ながら考えたトークシナリオや時間配分に基づき、与えられた時間内で自然に話せるようになるまで練習します。できれば、**上司や先輩にチェックしてもらう**とよいでしょう。リハーサルをしない人が案外多いのですが、頭のなかでシミュレーションするのと、実際に声に出して本番さながらに話してみるのでは大違いです。しっかり練習しておけば、当日の成功率が確実にアップします。

(6) 聞き手を動かす発表スキル

発表するときの注意点は、ひとつひとつは当たり前のことばかりですが、これらを確実に行うのが成功の秘訣です。

好印象を与える

- 身だしなみと立ち居振る舞いを美しくします。
- 熱意と誠意をもって、堂々と話します。
- 親しみやすい雰囲気を作ります。プレゼンテーションの内容にもよりますが、ときには笑顔を見せるなど、プレゼンターがリラックスすると聞き手も安心して聞けます。

わかりやすく話す

- 適切な用語で話します。専門用語、略語を使う必要があるなら、資料に補足を加えます。
- 適切な速度・声量・発音で話します。速度にメリハリをつけると頭に入りやすくなります。重要なことはゆっくり大きな声で、補足説明はさらっと、という具合です。
- 悪い口癖があれば、注意します。

聞き手の注意をそらさない 	● アイコンタクト（目配り）します。パソコンやプロジェクターの投影画面ばかり見ていたのでは、聞き手がどういう様子で話を聞いているか、わかりません。 ● 必要に応じて、ジェスチャーを取り入れます。 ● 指示棒・レーザーポインターを使って聞き手に「ココ」と指し示し、不要になったら振り回さずにしまいます。 ● 聞き手にアピールしたいとき、同じ場所から動かず話すのではなく、聞き手に近づいたり、元の位置にもどったり、聞き手との距離感に変化をつけてもよいでしょう。
指示棒の使い方	● 指示棒は順手で指し示し、体の正面が聞き手に向かうようにします。 ● 投影画面の右に立って右手で指し示したら、自然とお客様に背中を向ける体制になって、アイコンタクトできません。

(7)信頼感をアップする質問対応

　プレゼンテーションに対する聞き手の質問を受けて答えるのも、発表の一部です。質問対応の出来栄えは、プレゼンテーションの成功に大きく影響します。**聞き手が満足する回答**ができれば、評価も上がり、聞き手の信頼を得られるでしょう。

質問のルールを最初に伝える 	● プレゼンテーションを開始する前に、質問を受けるタイミング、質問方法、その他注意事項を伝えます。 ● 質問のタイミング 「質問は、随時お受けします」「最後に質問の時間をとりますので、その際にまとめてお受けします」 ● 質問方法 「質問される場合は、恐れ入りますが、挙手してください。部課名とご氏名をおっしゃってから、ご質問ください」 ● その他注意事項 「個別のご質問はプレゼンテーション終了後に直接お願いいたします」

質問者が満足する回答をする

- 「私の質問を真剣に聞いている」という満足感を感じてもらえるように、質問内容をよく聞いて、理解してから回答します。相手の質問が終わらないうちに話すのは NG です。
- 相手の目を見る、「はい」「さようですか」など短いあいづちを打つ、うなずくなど、傾聴をアピールします。
- なぜこういう質問をしているのか、質問者の意図を考えてから回答します。
- 結論を先に述べてから、補足説明をします。求められていない説明を長々するようでは逆効果です。

質問は記録して次につなげる

- どういう質問が出たか、記録します。その場で回答できなかったことは後からフォローが必要です。回答できたことも記録しておけば、次に同内容のプレゼンテーションをするときに参考になります。
- 聞き手の人数が多いなど、自分でメモしきれない場合は、質問を記入するための用紙を配布してもよいでしょう。同行者がいる場合は、質問の記録を手伝ってもらったり、お願いしてもよいでしょう。事前に役割分断を相談します。

> **こんなプレゼンはNG！**

目的がはっきりしない：目的があいまいでは、ストーリーも資料も中途半端になります。

ひとりよがり：聞き手が求めていることを考えないプレゼンは NG です。

話が行ったり来たり：ストーリー構成が整理できていないと聞き手は混乱します。

文章でダラダラ：長い文章ばかりの資料は、投影しても読む気になれません。

ビジュアルの凝り過ぎ：そんな暇があるなら中身をしっかり考えなさい、と思われます。

緊張して固まる：誰でも緊張します。入念なリハーサルで自信を付けましょう。

だらしない身だしなみ：プレゼンターは、TPO に合ったきちんとした身だしなみをします。

専門用語・略語ばかり：意味がわからない語があると、気になって上の空になります。

語尾が弱い：語尾が弱いと自信がない印象になります。ハキハキ話しましょう。

聞き手を見ない：パソコンと投影画面ばかり見ていたら、伝わりません。

短すぎ・長すぎ：与えられた時間を最大限有効に使いましょう。

しどろもどろの質問対応：本当に大丈夫？と信頼感を損ないます。しっかり準備をします。

やってみよう

プレゼンテーション実習をしましょう。

　新入社員のプレゼンテーション会を開催する場合は、テーマや発表時間は事務局の指示に従ってください。自主学習する場合は、テーマと発表時間を決めて取り組み、上司や先輩に発表を見てもらいましょう。

● テーマ・目的・ゴールを明確にします。

　「プレゼンテーションプランシート」は本書の Web サイトからダウンロードして使用してください。ゴールは、ひとつではなく段階的に設定できる場合は、「少なくともこれだけは…」「できればここまで…」「最終目標」という具合にしてもよいでしょう。

プレゼンテーションプランシート	
部門名（　）　氏名（　）	
対象者（お客様名）	
開催日時	
場所	
プレゼンタイトル	
発表者	
プレゼンの目的 □　説得 □　情報伝達 □　楽しませる □　その他	例）何のためにプレゼンテーションをするのか？ 　　伝えたい重要メッセージ/理解して欲しいこと　　など
プレゼンの ゴールイメージ どうなれば成功と いえるのかを 5W2H で明確にする	第一ステップ（少なくともこれだけは…） 第二ステップ（できればここまで…） 最終目標
その他注意事項 補足情報など	

- 聞き手のニーズを予測し、ストーリー構成を考えます。

- PowerPoint などのツールを使って、プレゼンテーション資料を作成します。

- トークシナリオや時間配分を考えて、リハーサルします。

- プレゼンテーションを実施し、評価してもらいます。

  「プレゼンチェックメモ」は本書の Web サイトからダウンロードして使用してください。

- 自分のプレゼンテーションについて気付いたこと、改善点などを以下に整理します。

気付いたこと・改善点

まとめ

- 企画段階では、目的とゴールを明確にして、ストーリーを組み立てる
- 準備段階では、資料を作成し、トークシナリオと時間配分を決めてリハーサルをする
- 実施段階では、誠意と熱意をもって、聞き手に信頼感を与えるプレゼンができる
- プレゼン終了後は、確実なフォローと振り返りによって次につなげる

10. 情報活用とICTツール

> ● 仕事に役立つ情報をスピーディ＆効率的に収集する自分なりの手段を持とう。
> ● ICT ツールの使い分けを学び、仕事の生産性向上を目指そう。

変化の激しい現代のビジネス環境において、**情報収集・活用**はビジネスパーソンにとって重要なスキルのひとつです。デキるビジネスパーソンは、情報に敏感です。仕事に役立つ情報がないか、さまざまな手段を使って、常にアンテナを張って収集しています。また、これだけインターネットやパソコンが普及した今、各種の ICT（Information & Communication Technology）ツールの活用なしでは仕事が進みません。目的に合わせて ICT ツールを上手に活用し、仕事の生産性向上を目指しましょう。

一方、ICT の進化によって便利になっているのと並行して、情報セキュリティの重要性も増しています。業務上扱う社内外の情報を適切に管理する方法を学びましょう。

（1）仕事に役立つ情報を収集する

仕事に役立つ情報を収集するとき、大切なことは3つあります。

- 正しい情報を得る　　　　－信頼できる情報ソースを複数使う
- スピーディ＆効率的に得る　－手間がかからず、習慣にしやすい方法を使う
- 得た情報を整理する　　　　－参照したいとき、すぐにできる工夫をする

インターネットで検索すれば、さまざまな情報が瞬時に得られます。ただし、そのすべてが信頼できる情報とは限りません。政府や企業が正式に発信している情報もあれば、個人が発信している情報もあります。最終的に、**情報の信憑性を判断するのは自分**です。間違った情報に惑わされないためには、**信頼できる情報ソースを複数使って、総合的に判断**しましょう。

運営者	個人	企業	官公庁・公的機関 各種調査会社
	低い　　　　信憑性　　　　高い		
メリット	口コミや生情報など公式Webサイトでは得られない希少な情報が得られる。	企業規模などから信憑性を判断しやすい。個人サイトよりは信用できる。	提供情報に対する責任の重さから、信憑性が高い。出所として示したとき、聞き手の納得感も高い。
デメリット	信憑性が低い恐れがある。提供情報に対する責任がない（個人の見解でしかない）。個人の主観が混在している恐れがある。	自社に有利な情報に偏っている恐れがある。	官公庁・公的機関の場合は、口コミや生情報は得にくい。統計や一般的な情報が多い。調査会社の情報は、その多くが有料。

情報収集は、継続しなければ意味がありません。思いついたときにするのではなく、いつでも自分の仕事に関係ある情報がキャッチできるようにすることです。そのためには、

手間がかからず、習慣にしやすい方法を使います。例えば、テレビ番組を録画するとき、いつも番組表をチェックして好きな俳優が出演する番組を手動で予約していたら、手間がかかるうえに見落としも発生します。録画機器の機能で、キーワードを設定して自動録画できれば簡単です。それと同じように、自分が気を付けていなくても、関係ありそうな情報が自動的に届くしくみを使うと便利です。

- 新聞・雑誌を購読する
- 興味があるテーマに関するメールマガジンを購読する
- 興味があるテーマに精通している人のブログ・SNS などをフォローする
- 定期的にチェックする Web サイトを決める

　企業によっては、自社のビジネスに必要な情報を、各種調査会社から購入している場合もあります。有料情報サイトと契約して、新聞・雑誌の記事や企業情報など、無料の Web サイトでは収集に時間がかかる情報を、スピーディに収集できるしくみを活用している企業もあります。自社が導入しているサービスがあれば、有効に活用しましょう。

　収集した情報は、その場で読んで終わるものもありますが、後で参照できるように記録したいものは、自分なりの方法で整理しておきます。例えば、メールならフォルダーを分けて保存する、電子ファイルなら、後で検索しやすい名前を付けてフォルダーで分類して保存する、紙ならスキャンして電子化するか、紙のままファイルするなどです。

(2)よく使うICTツール

　仕事にもよりますが、一般に、業務上よく使う ICT ツールには、以下があります。

● ハードウェア

パソコン	● 文書作成、計算、その他業務に使用します。 ● 1 人 1 台貸与されている場合は、日常の管理は各個人の責任です。電源オン / オフ、パソコンのなかに保存しているファイルの管理、ソフトウェアのバージョンアップなど、会社の指示に従って行います。 ● 外部に持ち出す場合は、会社のルールに従って、重要な情報の流出事故を起こさないように十分注意します。
携帯電話・スマートフォン	● 業務上の通信手段として、電話やメールに使用します。 ● 会社から携帯電話やスマートフォンを貸与される場合は、個人の持ち物との使い分けを厳密にしましょう（会社貸与は業務用、個人のものはプライベート用）。 ● アドレス帳に登録している業務関係の人の電話番号やメールアドレスが外部に流出しないよう、機器の保管には十分注意します。 ● ゲームアプリなど業務に関係ないアプリのインストール、有料サイトとの契約は原則禁止です。

タブレット端末（iPad など）	● 社内外を問わず、いつでもどこでも各種業務を行うために使用します。 お客様へのプレゼンテーション、移動中のメールやインターネット活用、会社独自のアプリによる社内業務への対応など、活用範囲はさまざまです。 ● 携帯電話やスマートフォン、社外に持ち出すノートパソコンなどと同様に、会社のルールに従って、重要な情報の流出事故を起こさないように十分注意します。

● ソフトウェア（文書作成関連）

Microsoft Word ・Windows/Mac ユーザーが使用 ・拡張子　.doc、.docx など **Pages** ・macOS/iOS 用文書作成ソフト ・Mac/iPad ユーザーが使用	● 文書作成に使用します。 ● 1ページを超える文章を入力すると自動的に次のページに流し込まれていくので、報告書やレポートなど、複数ページに渡る文書作成に向いています。図やグラフも挿入できます。
Microsoft Excel ・Windows/Mac ユーザーが使用 ・拡張子　.xls、.xlsx など **Numbers** ・macOS/iOS 用表計算ソフト ・Mac/iPad ユーザーが使用	● 表・グラフの作成、表計算、データベース管理などに使用します。 ● 表計算やデータベース管理のソフトウェアですが、ビジュアルな表やグラフが簡単に作成でき、計算式の設定も可能なことから、数値を扱う文書（見積書など）の作成にも向いています。
Microsoft PowerPoint ・Windows/Mac ユーザーが使用 ・拡張子　.ppt、.pptx など **KeyNote** ・macOS/iOS 用プレゼンソフト ・Mac/iPad ユーザーが使用	● プレゼンテーション資料作成および、プレゼンテーション実行時に使用します。 ● スライドと呼ばれる紙芝居形式のページの集まりなので、プレゼンテーションのときに投影する資料の作成に向いています。 ● スライドショーと呼ばれる全画面表示モードがあるので、プロジェクターで投影してプレゼンテーションするときに便利です。
Adobe Acrobat ・pdf ファイルの編集用ソフト ・拡張子　.pdf **Adobe Reader** ・pdf ファイルの閲覧用ソフト	● Adobe Acrobat / Adobe Reader が扱うファイル形式である PDF（Portable Document Format）は、閲覧目的の共通フォーマットとして、文書交換時に使用します。 ● Adobe Reader は無償提供されています。 ● Word/Excel/PowerPoint などで作成した文書は、それぞれのアプリケーションの機能で PDF ファイルに保存できます。

● ソフトウェア（コミュニケーション関連）

電子メール	● 電子メールの送受信に使用します。 ● パソコン、タブレット端末、スマートフォンなどからインターネット経由で利用できます。 ● Microsoft Outlook、Gmail などがあります。
Web 会議システム	● オンライン会議に使用します。 ● パソコン、タブレット端末、スマートフォンなどからインターネット経由でリモート参加できます。 ● Microsoft Teams、Zoom、Webex Meeting、V-CUBE ミーティング、Google ハングアウトなど各社から多数リリースされています。多くのソフトウェアが会議システムだけでなく、チャットなど他のコミュニケーション機能も備えています。 ● 企業によって導入しているソフトウェアが異なりますが、会議に招待される側はソフトウェアのインストールやユーザー登録などの特別な操作なく簡単に参加できるものが多いです。
ビジネスチャットツール	● 仕事上のチャットのやり取りに使用します。 ● パソコン、タブレット端末、スマートフォンなどからインターネット経由で利用できます。 ● Web 会議システムに付随する機能として提供されているものも多いですが、LINE WORKS、slack、Chatwork など、ビジネスチャットに特化したソフトウェアもあります。 ● 企業によっては、社内コミュニケーションの迅速化のために電子メールでのコミュニケーションをチャットに置き換えているところもあります。

● ソフトウェア（その他）

勤怠管理システム	● 勤怠管理に使用します。 ● いわゆるタイムカードによる出退勤の記録、有給取得などの記録をシステム上で行います。 ● 企業によって導入の有無、システムの種類が異なりますので、自社の勤怠管理方法を確認しましょう。
経理システム	● 交通費精算、請求書支払い、立替払いの清算など、経理関連の手続きに使用します。 ● 企業によって導入の有無、システムの種類が異なりますので、自社の経理関連手続き方法を確認しましょう。
各種業務システム	● 各種の業務の流れを電子化して効率化するシステム（電子ワークフロー）があります。電子印の使用など承認のしくみも含めて、各社さまざまなので確認しましょう。

（3）文書作成や文書管理の工夫

　ICT ツールを活用して文書を作成するなど日常業務を行うとき、ちょっとしたことですが、以下のような工夫をすると効率化できます。

● **よく作成する文書は標準化して保存しておき、再利用する**

　フォーム類はひとつのフォルダーにまとめて、デスクトップ上に置くと便利です。

　過去の企画書や提案書など、流用できそうなものも、ひな型として保存しておきます。

● **よく入力する語は辞書登録して、簡単に入力できるようにする**

　例えば、登録したい文章を Word で入力して選択し、［校閲］タブの［日本語入力辞書への単語登録］ボタンをクリックすると単語の登録画面が表示されます。よみを入力して登録すると、オリジナルの短縮キーワード設定ができます（Word 2019 の場合）。なお、IME オプションの［単語の登録］を起動しても同様です。

　　例：「よろ」→「よろしくお願い申し上げます。」

　　　　「へあ」→「返信ありがとうございます。」

　　　　「たお」→「大変お世話になっております。」

　　　　「しへお」→「しばらく不在にしておりまして、返信遅れて申し訳ありません。」

● **ファイル名は、後から検索しやすいようにルールを決める**

　ファイル名のルールを決めておけば、検索時に必要なファイルが早く見つかります。

　このルールを、**ネーミング基準**といいます。組織内で共通ルールが存在する場合もある（そうなっているとさらに効率的）ので、上司や先輩に確認しましょう。

　　例：日付＋ファイルの内容＋担当者名

　　　20200410_ABC 産業様向けシステム提案 _ 田中

（4）クラウドストレージサービスの活用

　クラウドストレージサービスとは、簡単に言えば、インターネット上にある**ファイル預かりサービス**です。オンラインストレージサービスともいいます。メールでもファイルのやり取りができますが、大容量ファイルは添付できない、セキュリティが心配といった問題があります。社内であれば、イントラネット内にあるファイルサーバーを使って安全にファイル共有できますが、お客様や取引先とのやり取りには使えません。クラウドストレージサービスを使えば、いつでも、どこでも、社外の人とも、インターネットに接続できる環境であれば、メール添付より安全に、**大容量のファイルをやり取り**できます。

　企業によっては、業務用に特定のクラウドストレージサービスを導入して、それ以外の**フリーのサービスは使用を禁止**している場合が多いので、勝手に使用しないで、**必ず上司に確認**しましょう。広く使われているクラウドストレージサービスには、Dropbox、Microsoft OneDrive、Apple iCloud/iCloud Drive、Google Drive、Amazon Cloud Drive などがあります。

(5)情報セキュリティの重要性

多くの職場でインターネットやコンピューターを活用しているなか、重要性が高まっているのが**情報セキュリティ**です。私たちがインターネットやコンピューターを安心して使い続けられるように、大切な情報が外部に漏れたり、ウイルスに感染してデータが壊されたり、普段使っているサービスが急に使えなくなったりしないように、情報セキュリティ対策をすることが必要です。

現実の社会で盗難やテロなどの破壊行為があるように、インターネットやコンピューターの世界でも、情報が盗まれたり、コンピューターのシステムが破壊されるといった犯罪があります。また、火事や地震などの災害も脅威のひとつです。これらの脅威に備えて、企業は、**データの管理方法などのルールを作って社員に徹底**し、情報を守ることが求められています。お客様の情報を漏えいしたり、システム停止に陥った場合、信用を失うばかりでなく、莫大な賠償義務によって経営そのものが傾くことすらあるのです。

そもそも、情報セキュリティは、電子データに限らず、紙で管理している情報も対象です。**自社の情報**はもちろん、**お客様から預かった情報**を適切に管理することが、企業の存続にも関わる重大事であることは以前から変わりません。ただ、電子化が進むことで、その重要性が増しているのです。情報が電子になってスピーディに活用できるようになったり、さまざまなサービスがインターネットやコンピューターを使って提供されるようになって、便利さの一方で**情報漏えいのリスク**が高まり、コンピューターが停止することが社会に与える影響が非常に大きくなっています。例えば、何万人、何十万人も利用しているインターネット上のショッピングサイトで、お客様の個人情報が適切に管理されていなかったらどうでしょうか？ 大量の個人情報が盗まれて悪用され、多くの人々が被害を受けます。銀行などの金融システムや、飛行機や電車の乗車券を発行したり運航を管理するシステムのように、社会の基盤となるようなシステムが停止したら大混乱するでしょう。

（6）職場の情報セキュリティ対策

一般的に、働く人々に共通して求められる情報セキュリティ対策には、以下があります。

- **安全なパスワードを使う**

  名前・個人情報から類推できない語で、英数字・記号混在で8字以上程度にする。人目に触れるところに書かない。一定期間経ったら変更し、使いまわさない。

- **ソフトウェアを最新の状態に保つ**

  ウイルスなどの脅威は日々進化しており、ソフトウェアもそれに対応してバージョンアップしているので、利用しているソフトウェアを常に最新の状態に保つ。

- **ウイルス対策ソフトを使ってチェックする**

  必ずインストールして最新の状態に保つ。定期的にウイルススキャンを実行する。

- **電子メールの誤送信に注意する**

  宛先を間違う、添付資料を間違うなど、情報漏えいしないように気を付ける。

- **不審な電子メールに注意する**

  迷惑メール、標的型攻撃メール（特定の企業や個人を対象に送られる偽メール）によるウイルス感染を防ぐために、送り主に心当たりがないメールや不審なメールの添付資料は開かない。文中に記載されている URL にアクセスしない。

- **怪しいホームページを見ない**

  ホームページを見るだけで感染するものもあるので、ある程度信頼できる運営者（官公庁、信頼できる企業など）のホームページ以外は、できるだけアクセスしない。

- **会社の情報や他人の個人情報を許可なく SNS にアップしない**

  社内で撮影した写真、自社に関する情報、お客様に関する情報など、業務に関わる情報は、特に許可がある場合を除いて SNS にアップしない。他人の個人情報（写真含む）も、本人の許可なく掲載しない。

- **バックアップする**

  万一に備えて、データをバックアップする。

- **適切な方法で廃棄する**

  パソコン、携帯電話、DVD など各種の媒体を廃棄するときは、そこから情報漏えいしないように、専門の業者に頼んだり、物理的に破壊する。紙の場合は、シュレッダーにかけたり、機密文書であれば専門業者に頼んで溶解する。

企業によってルールが異なるので、自社の情報セキュリティ規程を確認しましょう。例えば、金融、保険、医療、教育などのように、大量かつ重要な個人情報を扱う業種では、管理体制や運用ルールが厳しく定められています。

調べてみよう ....

　仕事に役立つ情報を収集するために、上司や先輩はどういう方法を使っていますか？

　購読するとよい新聞・雑誌・メールマガジン、定期的にチェックするとよいWebサイト、その他、業界ならではの情報収集方法など、上司や先輩に聞いて、以下に整理しましょう。

　会社で購読している新聞・雑誌、会社で契約している有料情報サービスなど、あなたの職場で仕事に活用できるものがあれば、上司や先輩に聞いて、以下に整理しましょう。

　上司や先輩に聞いた内容に基づき、あなた自身は、何を使って、どういうタイミング・頻度で、継続的に情報収集するか、今の考えを以下に整理しましょう。

調べてみよう

あなたが今後、仕事上よく使用するソフトウェアは何ですか？

上司や先輩に聞くなどして、以下に整理しましょう。これまで使ったことがない、慣れていないなど、操作に不安があるなら早期に習得しましょう。

● 文書作成関連

● コミュニケーション関連

● その他

調べてみよう

あなたの職場の情報セキュリティ対策の注意点を確認して、以下に整理しましょう。

情報の取り扱いやセキュリティに関する規程やガイドラインがあるなら、規程名やガイドライン名を以下に書いておき、入手して学びましょう。

まとめ

■ 仕事に役立つ情報をスピーディ＆効率的に収集する自分なりの手段を持っている
■ 業務で使用するパソコン・携帯電話・スマートフォンなどは取り扱いに注意する
■ Word/Excel/PowerPoint など、よく使用するソフトウェアの使い分けがわかる
■ 職場の情報セキュリティ対策方法について理解している

第 **4** 章 社会人の基礎能力を学ぶ

多様な人々との関わりのなかで、組織の一員として責任を果たし貢献するとともに、仕事をとおして成長し、なりたい自分に近づいていくには、「前へ踏み出す力」「考え抜く力」「チームで働く力」が必要です。これらの能力は、「社会人基礎力」と呼ばれ、社会人に求められる基礎能力です。いずれも一朝一夕では身に付かない能力であり、日々の活動のなかで実践しながら強化します。新入社員のうちに習得しておくべき能力というより、社会人ならだれでも、いくつになっても、何をするにも、強化し続けたいものばかりです。具体的にどう取り組んだらよいか、実践方法や強化ポイントを学びます。

1. 社会人基礎力とは

2. 前に踏み出す力

3. 考え抜く力－課題を発見し解決する

4. 考え抜く力－計画的に仕事を進める

5. 考え抜く力－創造力を発揮する

6. チームで働く力－多様な人々と協力する

7. チームで働く力－組織のルールを守る

8. チームで働く力－ストレスと付き合う

1. 社会人基礎力とは

> ● 前に踏み出す力－主体的に動き、周囲に上手に働きかけながら確実にやり遂げる
> ● 考え抜く力－科学的思考で課題を発見し、新たな発想で解決策を考え、計画的に行う
> ● チームで働く力－多様性を尊重し、周囲と円滑なコミュニケーションをとる

社会人に求められる能力とは何でしょうか？

第3章では社会人に必要な基礎知識として、基本マナーをしっかり守ることや、メール・文書・電話・面談などのコミュニケーション手段のビジネスルールや基本動作を学びましたが、それだけでは不十分です。多様な人々と協力し、組織の一員として役割を果たして貢献し、自分自身も仕事をとおして成長するために必要な**社会人基礎力**の概要について学びましょう。

（1）人生100年時代に社会人に求められる能力

社会人に求められる能力は多岐にわたりますが、大別すると、**人間性や基本的な生活習慣**、**基礎学力**、**社会人基礎力**、仕事に必要な**専門スキル・社内スキル**などがあります。

人間性や基本的な生活習慣、基礎学力は、子供のころから家庭や学校で育まれるものです。読み・書き・算数、基本ITスキル、あいさつや基本マナーなどがそれにあたります。文書・メール・電話・面談などのビジネスルールや基本動作も社会人としての基礎学力といってよいでしょう。一方、専門スキル・社内スキルなどは、その仕事に必要な知識や能力などを指します。しかし、それだけでは不足です。基礎学力や専門スキル・社内スキルなどを活かし、人々と関わりながら仕事をするときに重要なのが、社会人基礎力です。

社会人に求められる能力

基礎学力 （読み、書き、算数、 基本ITスキルなど）	⇄	社会人基礎力 （前に踏み出す力、 考え抜く力、チームで働く力）	⇄	専門スキル 社内スキルなど （仕事に必要な知識・スキルなど）

人間性・基本的な生活習慣
（思いやり、公共心、倫理観、基礎的なマナー、身の周りのことを自分でしっかりとやる　など）

さらに、人生100年時代を生き抜くには、**自分のキャリアに対する意識**をしっかり持つ重要性が増しています。経済産業省「人生100年時代の社会人基礎力」では、キャリア意識と社会人基礎力を社会人としての基盤能力、コンピューターで言えば「**OS（Operating System）**」と位置づけ、専門スキル・社内スキルといった業界などの特性に応じた能力を「**アプリ（Application）**」に例えています。世の中の変化に柔軟に対応しながら、自分のOSとアプリをアップデートし続けることが求められるのです。

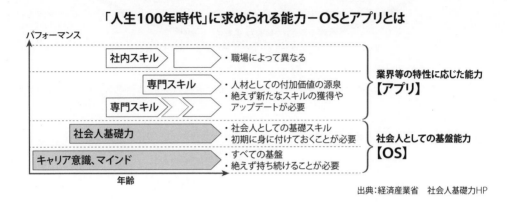

「人生100年時代」に求められる能力－OSとアプリとは

出典：経済産業省　社会人基礎力HP

（2）社会人基礎力とは

社会人基礎力とは、**前に踏み出す力、考え抜く力、チームで働く力**の3つの能力と12の能力要素から成り、「**職場や地域社会で多様な人々と仕事をしていくために必要な基礎的な力**」として、経済産業省が2006年から提唱しています。人生100年時代、第四次産業革命と言われる現在のビジネス環境において、その重要性はますます増しています。2018年には「**人生100年時代の社会人基礎力**」として新たに「**何を学ぶか**」「**どのように学ぶか**」「**どう活躍するか**」という3つの視点を加えて、政府・企業・教育機関などが連携して強化に取り組んでいます。高校・大学・専門学校などにおいて、学生のうちから意識して強化することが推奨されており、カリキュラムに取り入れている学校もあります。

もっとも、次ページの定義を見てもらえばわかりますが、ひとつひとつは特別なことではなく、皆さんもこれまでの人生のさまざまなシーンで発揮した経験や、必要に迫られた経験があるでしょう。仕事だけでなく、生活していくうえでも身に付けたい能力といえます。

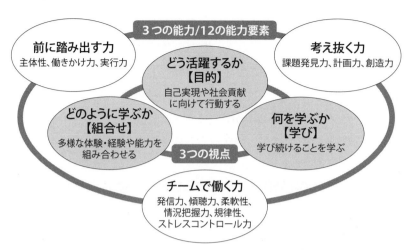

出典：経済産業省　平成30年2月「人生100年時代の社会人基礎力について」に基づき作図

3つの能力	12の能力要素	概要
前に踏み出す力 （アクション）	主体性	物事に進んで取り組む力
	働きかけ力	他人に働きかけ巻き込む力
	実行力	目的を設定し確実に行動する力
考え抜く力 （シンキング）	課題発見力	現状を分析し目的や課題を明らかにする力
	計画力	課題の解決に向けたプロセスを明らかにし準備する力
	創造力	新しい価値を生み出す力
チームで働く力 （チームワーク）	発信力	自分の意見をわかりやすく伝える力
	傾聴力	相手の意見を丁寧に聴く力
	柔軟性	意見の違いや立場の違いを理解する力
	情況把握力	自分と周囲の人々や物事との関係性を理解する力
	規律性	社会のルールや人との約束を守る力
	ストレスコントロール力	ストレスの発生源に対応する力

　前に踏み出す力は、主体的に動き、周囲に上手に働きかけながら確実にやり遂げる力、簡単に言えば「**やる気**」と「**やり抜く覚悟**」です。**考え抜く力**は、科学的思考で課題を発見し、新たな発想で解決策を考え、計画的に行う力、つまり「やる気」だけで行き当たりばったりに突っ走ってもだめということです。仕事を確実に遂行するには、計画力が求められ、考え抜いて課題を発見し、解決していく「頭脳」が必要です。さらに、それが個人プレーでは、大きな成果は上げられないのが、仕事の難しいところでもあり、楽しいところでもあります。**チームで働く力**は、一人ひとりがチームの一員としての自覚を持ってル

ールを守り、多様性を尊重し、周囲と円滑なコミュニケーションをとる能力です。どんなに優秀な人でも、ひとりでできることには限界があります。**多様な人々の知恵を結集し、一人ではできないことを成し遂げる**ためにチームワークが求められます。

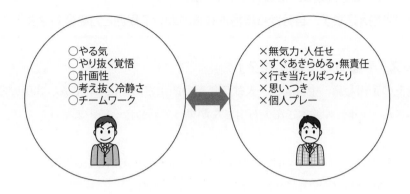

（3）密接に関係する個々の能力

　12の能力要素は、個別に強化したり発揮するものではなく、複数の力が密接に関係しています。明確に区分できず、重なり合う部分もあります。例えば、主体性を発揮するには、働きかけ力や実行力も同時に必要ですし、その逆も言えます。働きかけ力を発揮するには、発信力や傾聴力、柔軟性、情況把握力も必要です。したがって、この定義を厳密に考えることにはあまり意味がなく、社会人基礎力全体を理解するための便宜上の分類程度に考えてください。

2. 前に踏み出す力

● 自分が率先して行動し、最後までやり抜こう
● ひとりで抱え込まず、自分から積極的に働きかけて周囲と力を合わせよう

(1) ケース「やる気ってなんだ？」

　イベントの企画会議、中村課長、入社7年目の飯山さん・佐々木さん、3年目の野田さん・山本さん、1年目の鈴木さん・石川さんが集って話し合っています。

中村課長：8月に行うイベントの件、このメンバーで事務局を担当してもらうとになりました。
　　　　　毎年行われる全社イベントだから、しっかり頼むよ。

全員　　：はい。

中村課長：今日は役割分担を決めたいんだけど…参考までに、これが昨年の役割分担表だよ。
　　　　　（役割分担表をもとに、仕事の内容や必要な工数の目安を説明）
　　　　　…ということで、皆さんの意見を聞きながら担当を決めよう。どうかな？

飯山　　：課長、私、広報係やります。

山本　　：資料を見ると、事務局経験者が3人いらっしゃいます。経験者が重要な役割を担当すると、運営しやすいのではないでしょうか？

野田　　：確かにそうですね。飯山さん、昨年サブリーダーされていますよね？
　　　　　私も会場係を経験していますから、今年は飯山さんがリーダー、佐々木さん、または、私がサブリーダーでやってみませんか？　広報係は、ほとんど広報宣伝部が動いてくれるから、新人でもできるのではと思います。

飯山　　：えー?!他にも抱えている仕事があって難しいですね。私は、広報係やるから、佐々木がリーダーで、野田がサブリーダーやったらどう？

佐々木　：そんな…私、いきなりリーダーなんて無理です…。

飯山　　：佐々木だって、昨年は受付係やって、事務局初めてじゃないんだから。
　　　　　もっと積極的にリードしたらどう？

佐々木　：確かにそうだけど…、受付係は総務部が手伝ってくれたから…。

中村課長：押し付け合っても、話は進みませんよ。

野田　　：そうですね。ちょっと整理しませんか？　経験者は、飯山さん、佐々木さん、私の3人です。役割のうち、広報係と受付係は、それぞれ広報宣伝部と総務部が支援してくれるので比較的易しい…と。飯山さん、他に抱えている仕事があるとのことですが、どのくらいこのイベントに工数割けますか？

飯山　　：うーん…そうですね。まあ、30%くらいかな。

野田　　：そうですか。リーダー・サブリーダーは 50% 以上この仕事に割く必要がありますが、会場係なら大丈夫そうですね。新人の 2 人はどう思いますか？

鈴木　　：お話を伺うと、広報係か受付係なら教えていただきながらできそうです。この機会に社内外の関係者の顔も覚えたいですし、できれば受付係を担当したいです。

石川　　：…私は…えっと、お任せします。

野田　　：山本さんは、別のイベントでパーティを仕切ったこと、ありましたよね？

山本　　：ええ、やることはそう変わらないでしょうし、飲食係なら大丈夫ですよ。それに、広報宣伝部なら協業した経験があるから、もしそこで困ることがあったら相談に乗れます。

野田　　：それでは、リーダー、サブリーダーは、佐々木さんと私、飲食係は山本さん、受付係は鈴木さん、広報係は石川さん、飯山さんは会場係をお願いできませんか？会場係の進め方は、私から詳しくご説明しますので。

飯山　　：仕方ないな。

野田　　：佐々木さん、もしよろしければ、私がリーダーを担当しますので、サブリーダーをしながら受付係のサポートお願いできますか？　山本さんは、広報係のサポートお願いします。

佐々木　：はい。それなら…。

山本　　：喜んで。

中村課長：よし、決まったね。野田さん、リーダーのサポートは私がするよ。昨年の担当者も紹介するから、佐々木さんと話を聞きに行くとよいでしょう。

野田　　：はい。ありがとうございます。

考えてみよう

会議の参加者の言動について、あなたはどう思いましたか？

良かった点、悪かった点、その理由を書き出しましょう。

```




```

　書き出したことをグループ内で共有し、前に踏み出す力（主体性・働きかけ力・実行力）を発揮するとはどういう行動か、ポイントを整理しましょう。

あなたは、主体性・働きかけ力・実行力を発揮できていますか？

Yes の数を数えましょう。

主体性	勉強・趣味・仕事など、自分で目標を設定して取り組むほうだ	Yes	No
	目標に向かって、何をしたらよいか、まず自分で考える	Yes	No
	自分でやると決めたことは、自分から率先して実行に移す	Yes	No
	知識や経験が不足していて役割を果たす自信が持てないときは、自分から先輩・先生・上司など詳しい人に教えてもらうように働きかける	Yes	No
	たとえ人の指示でも、自分も納得して実行したのだから自分の責任だ	Yes	No
働きかけ力	人に協力を依頼するときは、まず目的をしっかり説明する	Yes	No
	仕事でも、人には心があるので、相手の心を理解することが大切だ	Yes	No
	人と協力して何かをするとき、相手の気持ちや立場を尊重している	Yes	No
	人に働きかけるとき、相手を尊重しながら、言うべきことは言える	Yes	No
	協力してもらえないのは、自分の働きかけが不足しているからだ	Yes	No
実行力	何かを行うとき、目的（何のためにするのか）を明確にしている	Yes	No
	目標は、できばえが測れるように設定している 例：3か月後までに（納期）、体重を（測定指標）3kg（目標値）減らす	Yes	No
	計画どおり実行できているか、途中で確認しながら進めている	Yes	No
	計画どおりに進んでいないとき、どうしたら目的を果たせるか、考える	Yes	No
	目的と目標を設定したら、粘り強くやり抜く気持ちが強いほうだ	Yes	No

あなたは、主体性・働きかけ力・実行力が不足することがありますか？

Yes の数を数えましょう。

主体性	勉強・趣味・仕事など、目標は人から与えられて取り組むほうが多い	Yes	No
	目標に向かって、何をしたらよいか、指示してほしいほうだ	Yes	No
	人の指示にしたがって、言われたとおりに実行することが多い	Yes	No
	知識や経験が不足していて自信が持てないときは、先に進めなくなる	Yes	No
	人の指示で行ったことは、自分の考えではないので自分の責任ではない	Yes	No
働きかけ力	人に協力を依頼するときは、目的は言わず、内容や手順を説明する	Yes	No
	仕事に感情を交えるべきではないので、相手の心を理解する必要はない	Yes	No
	人と協力して何かをするとき、相手の気持ちや立場は考慮しない	Yes	No
	人に働きかけるとき、相手に遠慮して、言いにくいことは言えない	Yes	No
	協力してもらえないのは、相手の主体性が不足しているからだ	Yes	No
実行力	何かを行うとき、あまり「何のために」と深く考えないほうだ	Yes	No
	目標が具体的でない場合が多い　例：夏までに痩せる	Yes	No
	途中で確認しないので、気が付いたら計画と大きく違うことが多い	Yes	No
	計画どおりに進んでいないとき、目標を低く変更することが多い	Yes	No
	目的と目標を設定しても、困難な状況になるとあきらめてしまうほうだ	Yes	No

(2) 率先して行動する

　主体性とは、「**自ら考え行動する**」ことです。仕事の目的を理解し、自分で目標を設定し、目標を達成するために何をしたらよいか考え、自分から率先して行動に移します。

　仕事では、組織目標は会社から与えられるとしても、それを達成するために、自分は何をどこまでやるのかは、一人ひとりが自分の役割を考えながら決めるものです。また、目標にはさまざまなレベルがあります。半期、1年、それ以上で目指すものもあれば、今月、今週、今日の目標もあります。主体性は、**短いサイクル（週・日）で小さな目標を立てて確実にやり抜く**、を何度も繰り返すことで強化されます。

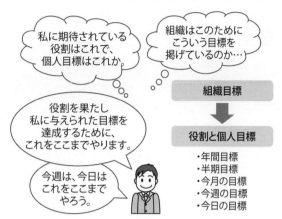

(3) 相手を尊重しながら働きかける

　働きかけ力とは、**人に働きかけ**、**気持ちを動かし**、**協力して仕事を進める力**です。働きかけ力が足りないと、遠慮し過ぎたり、リーダーシップを振りかざすなどして、孤軍奮闘する羽目に陥ります。自分は縁の下の力持ちになって、共に働く人々が気持ちよく仕事ができるように心配りをしながら進めるというリードの仕方もあります。自分で何でも抱え込むのではなく、それぞれが自分の役割を果たすように、協力を引き出します。そのためには、共に働く人々と**目的を共有**し、**相手を尊重**しながら言うべきことはさわやかに伝え、**自ら積極的に行動**します。「何のためにこれをやるのか」という意義を納得すれば、やろうという気持ちが湧くでしょう。注意する点は、人によって感じ方や考え方が違うということです。生まれ育った環境、受けてきた教育、これまでの経験といった背景も違えば、現在の仕事上の役割や立場もさまざまです。人の気持ちを推し量ることは大変難しいですが、「この人だったらどう思うだろう」「なぜこういう反応しているんだろう」と考えて、どうしたら働きかけに対して合意してもらえるか、伝え方を工夫します。

(4) 最後までやり抜く

　実行力とは、**目標を設定し確実に行動する力**です。実行力が弱いと、目的や目標を達成することへのこだわりが弱く、確実にやり抜くことができません。口先ばかりでなかなか実行できなかったり、始めはやる気に満ち溢れているのに、途中で安易に目標を低く変更したり、投げ出すようでは、自分の役割を果たせないでしょう。仕事では、目的と目標を心に刻んで、最後まで**やり抜く覚悟**が求められます。仕事は楽しいことばかりではなく、投げ出したくなるような局面が何度もあるでしょう。それでもやり遂げるには、**ス**

トレスコントロール力も深く関わります。また、「がんばります！」はとても大切ですが、気合いだけでは乗り切れません。確実に実行するには、計画を立てて、仕事の進み具合をチェックしながら行い、もし遅れや問題が発生しているなら、早めに対応して軌道修正するといった**計画力**が必要です。

考えてみよう

主体性・働きかけ力・実行力の発揮について、現在の自分を振り返りましょう。
これまでに経験した具体的なエピソードがあれば、挙げてください。

あなたが主体性・働きかけ力・実行力を発揮できないとしたら、それはどういうときですか？　何が発揮を妨げるのか、考えましょう。

書き出したことをグループ内で共有し、どういうときに発揮できて、どういうときに発揮できないのか、整理しましょう。それに基づき、発揮するにはどうしたらよいか、考えましょう。

＜発揮できるとき＞   ＜発揮できないとき＞   ＜発揮するにはどうしたらよいか＞

やってみよう

　主体性・働きかけ力・実行力を強化するには、現在の自分の仕事のなかで、自分自身が意識的に行動を変えるしかありません。もちろん、すべての仕事において主体性・働きかけ力・実行力を発揮してほしいですが、意識的に強化するために、「この仕事で、こう行動する」と自分と約束して、やってみましょう。

＜この仕事で＞

＜主体性を発揮する具体的行動＞

＜働きかけ力を発揮する具体的行動＞

＜実行力を発揮する具体的行動＞

まとめ

■ 目的・目標を設定し、目標を達成するために何をしたらよいか考え、率先して行動する

■ 共に働く人々に働きかけ、気持ちを動かし、協力して仕事を進める

■ 目的・目標を心に刻んで、最後までやり抜く

3. 考え抜く力－課題を発見し解決する

> ● 日ごろから問題意識を持って仕事に取り組もう
> ● 問題に気付いたら、現状を把握し、何を変えたら解決できるのか、課題を設定
> 　しよう

(1) ケース「何が問題なんだろう？」

　桜木さんと篠田さんは、人事部に所属しています。社員の異動に関わる仕事をしながら、何やら2人で相談しています。

桜木：今月は思ったより異動が多いから、手続きが大変だね。

篠田：住居移転の手続きはもちろん、勤務先のオフィスが変わるだけでもやることが多くて。交通費手当の変更、入館証の設定変更、ロッカーの鍵返却・貸与…。申請書を書き間違える人が多いから、チェックが大変で、残業続きですよ。

桜木：4月の異動は、もっと多いよね？　今から憂鬱だなぁ。

篠田：異動関連の手続きは何とかしたいですね。今は私たち2人でやっていますが、4月は人数を増やしてもらうように課長に掛け合ってみましょうか。

桜木：そうだなぁ…。人数が増えれば何とかこなせるけど、手続き自体をもっと楽にできないかな？　どうしてこんなに時間がかかって大変なのか、調べてみようか。

篠田：はい、わかりました。やってみましょう。

　　　（2人は、何が問題なのか、分担を決めて調べることにしました）

桜木：どうだった？

篠田：私が担当した異動者について調べたところ、手続きに時間がかかったのは、住居移転する場合と、交通費手当の変更がある場合でした。理由は、住居移転関連の申請書が12種類もあって煩雑なのと、交通費手当申請書の記入ミスがとにかく多いんです。全体の40%の人が間違えていました。

桜木：やっぱりそうか。私が担当した異動者もほぼ同じ結果だったよ。

　　　今月異動した何人かに話を聞いてみたけど、本人も大量の申請書にうんざりしたって言っていた。申請書の目的はさまざまなんだけど、内容が結構重複しているんだ。交通費手当申請書は、見直してみたけど確かにわかりにくいね。

篠田：住居移転関連の申請書が多いのと、交通費手当申請書がわかりにくいから、ムダな工数がかかっているんですね。

桜木：そうだね。住居移転関連の申請書を減らす、交通費手当申請書をわかりやすくする、この2つを実現できれば、異動する人も私たちも楽になるはずだよ。

篠田：4月に間に合うように、さっそくやりましょう！

考えてみよう

桜木さん、篠田さんの言動について、あなたはどう思いましたか？

良かった点、悪かった点、その理由を書き出しましょう。

　　書き出したことをグループ内で共有し、課題を発見して解決するとはどういう行動か、ポイントを整理しましょう。

自己チェックしよう

　　あなたは、課題発見力を発揮できていますか？ Yes の数を数えましょう。

日ごろから問題意識を持って周囲に目を向け、情報収集している	Yes	No
現状に対して、あるべき姿（目指す姿）を考えるようにしている	Yes	No
問題に気付いたら、何が起きているのか、現状を詳しく調べる	Yes	No
問題に気付いたら、問題を引き起こしている原因をよく考えている	Yes	No
あるべき姿と現状のギャップから、解決すべき課題をよく考えている	Yes	No

　　あなたは、課題発見力が不足することがありますか？ Yes の数を数えましょう。

日ごろから、あまり問題意識が強いほうではない	Yes	No
現状で目立った問題がなければ「もっとこうしたい」とは思わない	Yes	No
問題に気付いても、詳しいデータを集めて現状を調べるのは面倒だ	Yes	No
問題に気付いても、原因を深く考えるのは面倒だ	Yes	No
解決するべき課題は、思いつきで決めることが多い	Yes	No

(2) 問題・課題とは何か

　問題とは、一言でいえば、**あるべき姿と現状のギャップ**です。あるべき姿とは、定められている目標、目指す姿です。こうあるべき、と設定したレベルに現状が達していなければ、そこに何らかの問題が潜んでいます。したがって、問題を見つけるには、**あるべき姿と現状が明確になっている**必要があります。何を目指しているのかわからない、現状どうなっているかわからない、という状態で漠然と困っている人は、まずこの２つを明らかにすることから始めましょう。

　課題とは、**解決すると決めた（自らに課した）テーマ**です。問題が起きているなら、それを取り除くために何を解決するのか、将来に向けて変革するなら、現状を打破するために何を解決するのか、課題を設定して取り組みます。

(3) 課題を発見する着眼点

　業務において、解決すべき課題を発見するには、さまざまな着眼点があります。**すでに起きている問題を見つける**着眼点と、**将来に向けて達成したいありたい姿を設定する**ための着眼点です。

【既に起きている問題を見つける】

● **目標達成度**

　あるべき姿の目標を達成しているかに着目します。目標を下回っている場合はもちろん、達成していても、同業他社などと比較して目標のレベルが低いとか、何を目標にするか自体が不適切と疑う場合は、問題が潜んでいる恐れがあります。

● **業務プロセス**

　業務プロセスに**ムリ・ムダ・ムラ**がないかに着目します。目標は達成していても、非効率なやり方をしていたり、個人のスキルに頼っていたり、たまたま達成しただけ、ということもあります。

【将来に向けて達成したいありたい姿を設定する】

● **満足度**

　現状大きな問題はなくても、お客様や後工程など、**関係者が満足しているか**に着目します。お客様の満足、さらに感動を実現するレベルを目指し、ありたい姿を考えます。

● **将来予測**

　現状大きな問題がなくても、**将来を予測したときにこのままでよいのか**に着目します。世の中の変化をとらえ、現時点では問題になっていないことに手を入れたり、現時点ではお客様も思いつかない新しい価値提供に向けて知恵を絞るなど、ありたい姿を考えます。

(4)課題を発見して解決するまでの流れ

　課題を発見して解決する－その流れを見てみましょう。アプローチは２つあります。

　あるべき姿（定められた目標）に対して、「**これは困ったな**」とすでに問題が起きているなら、現状の問題点を抽出して、解決すべき課題を設定し、要因分析によって問題を引き起こしている原因を特定し、それを取り除くことで解決します。問題は目に見えて起きていなくても、「**お客様や関係者の期待に応えるには、もっとこうしたいな**」とさらに高いレベルを目指したり、「**今後のことを考えると、こうなっていなければ！**」と将来を見越して変革するなら、ありたい姿を設定して現状とのギャップを考え、ありたい姿に近づくための課題を設定し、解決します。課題発見力は、現状把握から課題の設定までに必要な力ですが、課題発見は解決してこそ意味があるので、以下の流れの最後まで関係があります。

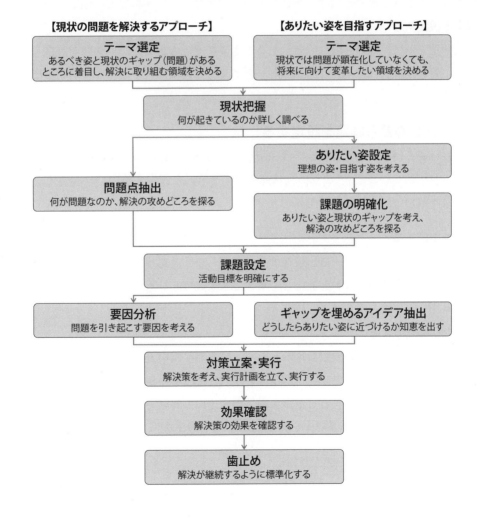

（5）現状の問題から課題を設定する

　現状の問題を解決するアプローチでは、現状を把握して、問題点を抽出し、解決すべき課題を設定します。

● 現状を把握する

　何らか問題が発生している業務について、何が起きているのか、**現場**、**現実**、**現物**で確認します。必要に応じて具体的なデータを計測するなど、事実を明らかにします。

● 問題点を抽出する

　事実に基づき、何が問題なのか、**解決の攻めどころ**を探ります。何が問題なのかを考える手段に「**層別**」があります。層別とは、一定の条件で分類することです。起きている現象を一定の条件で層別し、「こういう条件のときに多く問題が発生する」という切り口を見つけることができれば、そこを解決の攻めどころにすればよいのです。

● 課題を設定する

　何を解決すれば、問題を取り除き、あるべき姿を達成できるのか、課題を設定します。**何を**（**管理指標**）、**いつまでに**（**納期**）、**どこまで**（**目標値**）やるのか、活動目標を明確にします。

（6）ありたい姿から課題を設定する

　ありたい姿を目指すアプローチでは、現状の延長線上ではなく、明確な答えがないところで「これが新しい姿だ」「こういう状態を目指そう」と設定するので、起きている問題を探すより難しいかもしれません。

● 現状を把握する

　変革対象となる仕事について、現在の姿を整理します。**ありたい姿**を考えながら「いまはどうなっているのかな」と並行して考えてもよいでしょう。可能な限り具体的なデータを計測し、事実を明らかにします。

● ありたい姿を考える

　世の中の動きやお客様の要望を理解したうえで、**ありたい姿**についてメンバーで知恵を出し合い、十分話し合います。正解がないからこそ、お客様が求める価値のレベルを超え、将来起きると予測されるビジネス環境の変化にも対応できる、ありたい姿のアイデアを出すには創造力が必要です。創造力は、「5　考え抜く力－創造力を発揮する」も参照ください。

● 課題を設定する

　ありたい姿と現状のギャップを明確にして、何を解決すれば、ありたい姿を達成できるのか、課題を設定します。**何を**（**管理指標**）、**いつまでに**（**納期**）、**どこまで**（**目標値**）やるのか、活動目標を明確にします。

やってみよう

チームに分かれて、次のゲームに取り組み、課題を発見し解決する活動を体験しましょう。

【準備するもの】

ゲームに参加する人は、ハサミ、カッター、定規、筆記用具を各自用意します。

事務局は、画用紙（八つ切推奨）10枚程度 × 人数（多めに用意）、セロファンテープ×チーム数、のり × チーム数、カッター用の下敷き2枚 × チーム数、定規　事務局人数分、を用意します。

【ゲームのルール】

● 複数のチームで競います。新入社員の人数が足りない場合は、新入社員がリーダーになり、先輩社員も交えて2チーム以上に分かれます。

● 1チームの人数は、3〜5人とします。公平にするために、チームの人数は同じにします。

● チーム内の役割分担は、リーダー1名、それ以外はチーム内で自由に設定します。

　リーダーは、作戦会議の議長を担い、作業や問題解決の取り組みをリーディングします。

● 制限時間30分間で、5cm四方の立方体を作成して、利益を競います。

● 材料の仕入価格は、画用紙1枚100円、セロファンテープ200円、のり50円です。

　画用紙は何枚買っても構いませんが、使用しなかった分も原価になります。セロファンテープとのりは、チームにひとつずつです。買うか買わないか決めてください。

● カッター用の下敷き2枚は、全チームに貸し出します。

● 完成品は、A級品100円、B級品80円で販売できます。規格外品は、販売できません。

　検品は、第三者（教育担当者）が以下の基準に従って行います。

A級品	以下のすべてを満たす場合 ● 3辺の長さの誤差、貼り合わせの隙間がすべて1mm以下 ● セロファンテープやのりしろが表面から見えないこと 　ただし、貼り合わせの隙間から覗いて見えるのは可とする ● 表面に汚れ、下書き線などが一切ないこと
B級品	以下のすべてを満たす場合 ● 3辺の長さの誤差、貼り合わせの隙間がすべて2mm以下 ● セロファンテープやのりしろが表面から見える辺が1か所まで 　ただし、貼り合わせの隙間から覗いて見えるのは可とする ● 表面に汚れ、下書き線などが一切ないこと
規格外	以下のいずれかに該当する場合 ● 3辺いずれかの長さの誤差が2mmを超える ● 貼り合わせの隙間が2mmを超える場所がある ● セロテープやのりしろが表面から見える辺が2か所以上ある 　ただし、貼り合わせの隙間から覗いて見えるのは可とする ● 表面に汚れがあったり、下書き線が残っている

【進め方】

● 第1回作戦会議（60分）

チーム内でリーダーを決めて、役割分担、材料の仕入れ、作成方法などを検討します。材料は作戦会議の間に仕入れてください。製作が始まったら買い足せません。作戦会議中に製作の準備（何らかの作業を先にやっておく）はできませんが、仕入れた材料を使って試作品を作成することはできます。試作品は販売できないので、表面に「試作品」と明記します。

● 製作開始準備（5分）

作戦会議を終了し、机の上を片づけます。試作品があるチームは、教育担当者に「試作品」と明記してあるか、チェックを受けてください。

● 製作（30分）

教育担当者の号令で製作を開始します。30分の制限時間がきたら、教育担当者が号令をかけて終了します。号令には厳密に従ってください。時間を守らない、他のチームの製作を妨げる、その他、教育担当者が不正と判断することがあった場合は失格とします。

● 検品（10分）

教育担当者が、各チームの完成品を検品し、A級品、B級品、規格外の判定をします。チーム数が多い場合は、複数の教育担当者が検品作業をします。

● 利益算出（5分）

検品結果に基づき、売上、原価、利益を計算します。

売上：A級品100円×（　　　）個＋B級品80円×（　　　）個＝（　　　　　）円

原価：画用紙100円×（　　　）枚＋

　　　セロファンテープ200円×（　　）個＋のり50円×（　　）個＝（　　　　　）円

利益：売上（　　　　　　）円－原価（　　　　　　）円＝（　　　　　）円

● 結果発表（10分）

各チームの利益を発表し、優勝チームを決めます。

終了後、セロファンテープ、のり、使用しなかった画用紙を、いったん事務局に返却します。

＜休憩＞

● 第2回作戦会議（60分）

1回目の製作について、チームで振り返り、2回目の製作に向けて作戦を考えます。

問題が発生したチームは、なぜ問題が起きたのか、原因を探り対策を考えましょう。

問題がなかったチームは、さらに生産性を上げる工夫を考えましょう。

材料の仕入れ、試作品に関するルールは、第1回作戦会議のときと同じです。

● 製作開始準備（5分）

作戦会議を終了し、机の上を片づけます。試作品があるチームは、教育担当者に「試作品」と明記してあるか、チェックを受けてください。

● 製作（30分）

教育担当者の号令で製作を開始します。30分の制限時間がきたら、教育担当者が号令をかけて終了します。号令には厳密に従ってください。時間を守らない、他のチームの製作を妨げる、その他、教育担当者が不正と判断することがあった場合は失格とします。

● 検品（10分）

教育担当者が、各チームの完成品を検品し、A級品、B級品、規格外の判定をします。チーム数が多い場合は、複数の教育担当者が検品作業をします。

● 利益算出（5分）

検品結果に基づき、売上、原価、利益（売上－原価）を計算します。

売上：A級品 100円 ×（　　）個＋B級品 80円 ×（　　）個＝（　　　　）円

原価：画用紙 100円 ×（　　）枚＋

　　　セロファンテープ 200円 ×（　）個＋のり 50円 ×（　）個＝（　　　　）円

利益：売上（　　　　）円－原価（　　　　）円＝（　　　　）円

● 結果発表（10分）

各チームの利益を発表し、優勝チームを決めます。

＜休憩＞

● チーム振り返り・歯止め（30分）

問題点に対して行った対策は効果があったか、生産性を上げるために行った対策は効果があったか、振り返って、「もう1回やるなら、こうすればうまくいく」コツを整理しましょう（品質を上げる、コストを削減する、時間内にたくさん作るコツなど）。
課題を発見し解決する活動を体験して、感じたことも整理しましょう。

● 全体振り返り（チーム数によって適宜）

各チームの振り返りを発表し、全体で共有します。

まとめ

■ 日ごろから問題意識を持って、仕事に取り組む
■ あるべき姿と現状にギャップがあったら、何が問題なのか、攻め所を特定して解決する
■ 現状に満足せず、ありたい姿を設定し、変革に向かって攻め所を特定して解決する

4. 考え抜く力－計画的に仕事を進める

● 業務プロセスを明確にし、具体的なアクションを洗い出すことから始めよう
● 仕事は次々と入ってくるので、優先順位を正しく判断する方法を学ぼう

(1)ケース「行き当たりばったりでは回らない！」

　山中さんは、システムエンジニアです。いつも忙しそうにしていますが、今日はさらに慌てた様子です。そこに、佐藤課長や同僚が声をかけています。

佐藤課長：山中さん。先日依頼したABC工業様への調査報告書、どうなっていますか？
　　　　　今日納期だけど、まだ届いていないって担当営業から連絡があったよ。

山中　　：あっすみません！　今日午前中に完成予定だったのですが、いろは産業様で急な
　　　　　トラブルが発生して、その対応に追われていて…。

佐藤課長：いつもギリギリのスケジュールで動いているから、そういうことになるんだ。
　　　　　で、間に合いそうですか？

山中　　：はい、何とか…。先ほど開発部からハードウエアに関する調査結果がとどいたので、
　　　　　それを入れて整えれば完成します。

佐藤課長：先ほどって…。それでは、いろは産業様のトラブルがなくても、午前中には完成
　　　　　しなかったのではないですか？

山中　　：はあ…そうですね。開発部の調査結果も本当はもっと早く来るはずだったのです
　　　　　が、遅れちゃったんです。私が依頼するのが遅れてしまったのもあって。

佐藤課長：今後は余裕を持って依頼しなさい。とにかく、話している時間はないね。
　　　　　早く完成させて、提出するようにね。担当営業には私から連絡しておくから。

山中　　：はい、申し訳ありませんでした。

河合　　：山中さん、ちょっとよろしいですか？

山中　　：え？　あ、はい。

河合　　：今日、交通費清算締日ですけど、山中さんだけ処理が終わっていませんよ。
　　　　　17:00締め切りだから早くお願いします。経理部から催促が来ているの。

山中　　：えっ！　すっかり忘れてた！　申し訳ありません、すぐやります。

佐藤課長：先月も同じこと言われていたね。毎月締日は決まっているんだから、どうして早め
　　　　　に済ませておかないんだ。

山中　　：すみません、うっかり。

中野　　：山中さん！　先ほどのいろは産業様のトラブルの件、担当営業が探していたよ。
　　　　　対策ミーティング始まってるって。

山中　　：あ！　そうでした！

佐藤課長：山中さん…。

考えてみよう

山中さんの言動について、あなたはどう思いましたか？　その理由も書き出しましょう。

（記入欄）

複数名で学んでいるときは、各自が書き出したことを共有し、計画的に仕事をするとはどういう行動だと思うか、ポイントを整理しましょう。

（記入欄）

自己チェックしよう

あなたは、計画力を発揮できていますか？ Yes の数を数えましょう。

何かを行うとき、取りかかる前に全体の流れを整理している	Yes	No
計画は「○○を××する」と詳細項目まで分解して書き出している	Yes	No
どのくらい時間がかかるか、予測したうえでスケジュールを立てる	Yes	No
納期から逆算して、余裕のあるスケジュールを立てる	Yes	No
急な変更があれば、優先順位を冷静に判断し、ときには人に相談する	Yes	No

あなたは、計画力が不足することがありますか？ Yes の数を数えましょう。

何かを行うとき、まずはできることから始めてみる	Yes	No
計画は、作成したとしても大きな流れを整理する程度である	Yes	No
どのくらい時間がかかるか、深く考えずにスケジュールを立てる	Yes	No
気が付くと納期ギリギリになっていて慌てることが多い	Yes	No
急な変更があると、対応しきれず慌てることが多い	Yes	No

（2）自分が抱えている業務をすべて見える化する

　仕事を始めると、大小さまざまな業務が同時に進んでいきます。前述のケースの山中さんの場合、前から計画的に進めていた（はずの）調査報告書作成、緊急で発生したトラブル対応、定期的に行う事務処理、3つが重なって**オーバーフロー**しています。**仕事に突発事項はつきもの**、はじめからスケジュールがわかっているものは余裕を持って進めておけば、急な仕事にもある程度柔軟に対応できます。そのためには、**自分が抱えている仕事をいつも見える化しておく**ことです。手帳やノートに書き出す、スマートフォンやタブレット端末などのスケジュール管理アプリを使うなど、自分がやりやすい方法で構いませんが、同時進行する業務があるなかで、今日は何をしなければならないか、すぐにわかるようにします。例えば、Excel にアクションを書き出して管理するなら、最低限、以下の項目を書き出すと整理しやすいでしょう。

● **業務名**

　ひとつの業務に複数のアクションがあるので、業務別にひとまとまりにして確認できるように、業務名を書きます。

● **アクション**

　アクションを具体的に書き出します。例えば「○○資料を入手する」「××部にデータを依頼する」「××部からデータを受け取る」などです。

● **実施（予定）日**

　そのアクションをいつやるつもりかを書きます。自分のスケジュールと照らし合わせて、この日にやるのが適切だという日を設定します。時間がかかるアクションの場合、スケジュールにも明記して「何時から何時は○○を行う」と時間を確保します。

● **納期**

　いつまでに完了すべきなのか、納期を書きます。

● **完了**

　完了したものがどれかわかるように、チェック欄を設けます。

	A 業務名	B アクション	C 実施予定日	D 納期	E 完了
2	事務処理	1月度交通費清算	1/31	1/31	
3	事務処理	2月度交通費清算	2/28	2/28	
4	事務処理	3月度交通費清算	3/31	3/31	
5	定期報告	1月度月報	1/22	1/24	
6	定期報告	2月度月報	2/21	2/24	
7	定期報告	3月度月報	3/20	3/24	
8	Aプロジェクト	1月度会議会議室予約	1/10	1/10	○
9	Aプロジェクト	1月度会議開催通知発送	1/10	1/14	○
10	Aプロジェクト	1月度会議参加者確認→佐野さんへ報告	1/22	1/24	
11	Aプロジェクト	プロジェクト進捗報告書をメンバーへメール	1/22	1/24	
12	B社向け調査報告書	開発部に調査依頼する	1/14	1/14	○
13	B社向け調査報告書	開発部から報告書を受け取る	1/17	1/17	○
14	B社向け調査報告書	営業部と内容を確認して報告書骨子を決める	1/20	1/22	
15	B社向け調査報告書	報告書たたき台作成	1/21	1/24	
16	C社向け調査報告書	技術部に調査依頼する	1/15	1/15	○
17	C社向け調査報告書	技術部から報告書を受け取る	1/22	1/22	
18	C社向け調査報告書	開発部に調査依頼する	1/15	1/15	○
19	C社向け調査報告書	開発部から報告書を受け取る	1/22	1/22	
20	C社向け調査報告書	営業部と内容を確認して報告書骨子を決める	1/24	1/27	
21	C社向け調査報告書	報告書たたき台作成	1/28	1/31	

　上記のように Excel でリストアップすれば、業務別にソートしたり、納期が早い順にソートしたり、今日やることを抽出するなど、簡単にチェックできて便利です。以下の例では、

書き出したアクションを実施予定日順にソートしています。今日が1/22だとすると、実施予定日から遅れているものが2つあります。B社向け調査報告書の骨子を決めてたたき台を作成するのは、お客様向けの業務であり、納期が迫っているので優先すべきです。そこで、1月度月報は実施予定日を1/23に変更しよう、という調整が全体を見ながらできます。

	A	B	C	D	E
1	業務名	アクション	実施予定日	納期	完了
2	Aプロジェクト	1月度会議会議室予約	1/10	1/10	○
3	Aプロジェクト	1月度会議開催通知発送	1/10	1/14	○
4	B社向け調査報告書	開発部に調査依頼する	1/14	1/14	○
5	C社向け調査報告書	技術部に調査依頼する	1/15	1/15	○
6	C社向け調査報告書	開発部に調査依頼する	1/15	1/15	○
7	B社向け調査報告書	開発部から報告書を受け取る	1/17	1/17	○
8	B社向け調査報告書	営業部と内容を確認して報告書骨子を決める	1/20	1/22	
9	B社向け調査報告書	報告書たたき台作成	1/21	1/24	
10	Aプロジェクト	1月度会議参加者確認→佐野さんへ報告	1/22	1/24	
11	Aプロジェクト	プロジェクト進捗報告書をメンバーへメール	1/22	1/24	
12	C社向け調査報告書	技術部から報告書を受け取る	1/22	1/22	
13	C社向け調査報告書	開発部から報告書を受け取る	1/22	1/22	
14	定期報告	1月度月報	1/22	1/24	
15	C社向け調査報告書	営業部と内容を確認して報告書骨子を決める	1/24	1/27	
16	C社向け調査報告書	報告書たたき台作成	1/28	1/31	
17	事務処理	1月度交通費清算	1/31	1/31	
18	定期報告	2月度月報	2/21	2/24	
19	事務処理	2月度交通費清算	2/28	2/28	
20	定期報告	3月度月報	3/20	3/24	
21	事務処理	3月度交通費清算	3/31	3/31	

（3）プロセスを明確にしてブレイクダウンする

　定期的に行う事務処理や、プロジェクトの一部を依頼されて対応する業務であれば、上記のExcelの例のように比較的簡単にアクションを書き出せますが、ある程度の業務のかたまりを任されて、自分でコントロールして進める場合には、まず**全体の流れ、目標達成までのプロセス**を整理します。細かいアクションに落とす前に、大きく捉えるのがポイントです。その後、**具体的なアクションにブレイクダウン**します。例えば、お客様への提案資料作成なら、2つの大きなプロセスがあり、そのなかに細かいアクションがあります。

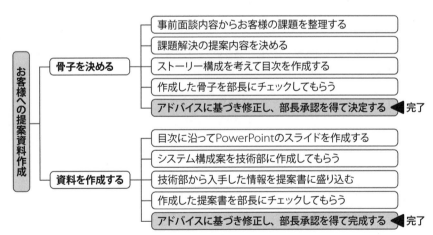

（4）実行順序や役割分担を決める

　具体的なアクションが明確になったら、**実行順序や役割分担**を考えます。個々のアクションを見れば、「**これが終わらないと、これに着手できない**」という順序があるものと、「**これとこれは並行して進められる**」というものがあるでしょう。順序があるものは、遅れると次の項目に影響を与えます。先に行うことを**前工程**、次に行うことを**後工程**と呼びます。

前工程・後工程の関係を考えて、無理のない計画を立てる必要があります。また、並行して進められることは、**役割分担して同時に行うと全体のスケジュールが短縮できます**。分担できるなら検討しましょう。

No.	アクション項目	前工程	開始日	終了日	担当者
1	**骨子を決める**		**6/1**	**6/3**	
1-1	事前面談内容からお客様の課題を整理する				石田
1-2	課題解決の提案内容を決める	1-1			石田
1-3	ストーリー構成を考えて目次を作成する	1-2			石田
1-4	作成した骨子を部長にチェックしてもらう	1-3			南
1-5	アドバイスに基づき修正し、部長承認を得て決定する	1-4			南/石田
2	**資料を作成する**		**6/4**	**6/10**	
2-1	目次に沿ってPowerPointのスライドを作成する	1-5			石田
2-2	システム構成案を技術部に作成してもらう	1-5			技術部
2-3	技術部から入手した情報を提案書に盛り込む	2-2			石田
2-4	作成した提案書を部長にチェックしてもらう	2-1～3			南
2-5	アドバイスに基づき修正し、部長承認を得て完成する	2-4			南/石田

(5)スケジュールを決める

大まかなスケジュールが決まったら、**個々のアクションにどのくらい時間がかかるか**予測しながら、詳細スケジュールを決めます。前工程・後工程の関係や、並行して進める項目がわかりやすいように、スケジュールを図示します。例えば、以下のように日程を明記して、開始日と終了日を線でつないで実行する期間を表します。こうすると、線が並行しているところは同時に進行する作業です。この図は、計画を作るときに書くだけで終わらず、**実行しながら更新**していきます。計画の線の下に、実際にはいつからいつまで行ったかを書き加えていけば、**進捗状況を確認**できます。全体に早く進んでいるのか、遅れ気味なのか、一目瞭然です。

No.		前工程	開始日	終了日	担当者	1 2 3 4 休 7 8 9 10 11 休 14 15 16 17
1	**骨子を**		**6/1**	**6/3**		
1-1	事前面				石田	
1-2	課題	1-1			石田	
1-3	スト	1-2			石田	
1-4	作成	1-3			南	
1-5	アドバ	1-4			南/石田	
2	**資料を**		**6/4**	**6/10**		
2-1	目次	1-5			石田	
2-2	シス	1-5			技術部	
2-3	技術	2-2			石田	
2-4	作成	2-1～3			南	
2-5	アドバ	2-4			南/石田	

(6)優先順位の考え方

綿密に立てた計画であっても、予定どおりいくとは限りません。また、他の仕事が割り込んでくることもあります。急な変更や突発事項に対応するには、日ごろから**優先順位を考える基準**をしっかり持ち、仕事が割り込んできたときに正しい判断ができるようにします。

優先順位を考えるときは、以下の3つの観点で判断します。

● 緊急度
● 重要度
● 必要工数

　仕事は、納期を守ることが大変重要です。納期に遅れたら、全く意味がなくなる場合もあります。原則として、**緊急度が高いものを優先**します。**緊急度が同じ程度だったら重要度で判断**します。後工程など他への影響度合い、それを行うことによって得られる効果、それを行わないことによる損失、会社の方針や部門の目標との関係、などが重要度を考えるヒントになります。

　必要工数は、その仕事を行うのにかかる時間です。例えば、緊急度も重要度も同じ程度の仕事があって、一方は10分、もう一方は1日かかるなら、10分で終わるほうを先に片づけて後工程に渡してから、1日かかる仕事に取り組んだほうがよいでしょう。必ずしも短時間で終わるほうが先とは言えませんが、その日の空き時間によって、丸1日とれないなら、1日かかる仕事はどちらにしても翌日に持ち越されるので、短時間で終わるほうを優先します。なお、仕事の経験や知識不足から、緊急度や重要度の判断を間違うことはよくあります。**少しでも迷ったら上司とも相談して、自分勝手に判断しないようにしましょう。**

やってみよう

　自分が担当している業務のアクションをブレイクダウンして、スケジュールを立てましょう。

● **ある程度のかたまりで任されている業務がある人**

　プロセスを大きく捉えてから、具体的なアクションにブレイクダウンし、実施順序や役割分担、スケジュールを整理します。管理手段は自由ですが、決まったやり方がない人はp.109を参考にExcelなどで作成しましょう。

● **そうした業務がまだない人**

　この先の一定の期間（3か月など）について、事務処理や定期報告など細かい業務も含めて行うことをすべて書き出し、納期を見ながら実施予定日を決めます。管理手段は自由ですが、決まったやり方がない人はp.108のExcelを使った整理方法を試してみましょう。

まとめ

■ 業務プロセスを明確にして、すぐに実行できるレベルまでブレイクダウンする
■ 実行順序、役割分担、スケジュールを明確にして、進捗をチェックする
■ 優先度は、緊急度、重要度、必要工数によって判断する

5. 考え抜く力－創造力を発揮する

- 創造力とは新しい価値を生み出す力、日々の努力で鍛えよう
- 今までのやり方にとらわれず、メンバーで知恵を結集してアイデア出ししよう

(1) ケース「知恵を集めてブレイクスルー！」

　教育部では、毎年新入社員研修の時期は、教材の準備で残業続きです。来年は余裕を持って準備したいと考え、メンバーでディスカッションしています。

堀上：毎年新人研修の大まかな流れは変わらないのに、どうしてこんなに教材が完成するのが遅いんだろう？

向井：ビジネスマナーとか、社会人の基礎知識の部分は確かに変更ありません。
　　　でも、自社商品理解の講義では、毎年新商品やサービスを追加して最新情報に変更するので時間がかかるんです。

時枝：自社商品の教材は、技術部にお願いしているから、納期のコントロールが難しいんです。いつも結局ギリギリに提出してくるから困ります。

堀上：教育部外に依頼する教材制作の進捗管理が甘いのかもしれないね。もっとこまめにフォローするとか、やり方を考えてみようか？

向井：そうですね…。でも、新商品情報は直前に差し替えせざるを得ない場合もあって、前倒しで教材を完成しても同じことなんです。以前も、早めに完成して印刷しておいたら、直前に変更が入って全部無駄になったことがありました。

時枝：教材印刷も工数かかりますよね。早めに印刷すると無駄になる恐れがある、といってギリギリまで待つと残業続きになる…何とかならないかなぁ。

堀上：堂々巡りだな…いったん、今のやり方から離れて考えてみないか？
　　　どうなっていたら、みんながハッピーなんだろう？

時枝：計画的に教材が準備できて、残業しないで済んだらハッピーです。

向井：私は、鮮度の高い教材を提供したいから、直前でも簡単に差し替えできたら、もっとハッピーです。技術部だって、あれだけ毎年差し替えるんだから、最新情報を載せたいはず。差し替えても文句言われないとハッピーでしょう。

堀上：新入社員だって、情報が古い教材は欲しくないよなぁ。

向井：そうですね。それに、できれば新入社員研修後も、最新情報に差し替えてもらえたら、ずっと役に立つからうれしいです。

時枝：教材を印刷することにこだわる必要ないのかもしれません。電子データなら、印刷も不要だし、直前どころか、いつでも最新情報に差し替えられます。

堀上：なるほど…！　そのアイデアについて、もっと話し合ってみようよ。

考えてみよう

3人の言動について、あなたはどう思いましたか？　その理由も書き出しましょう。

（記入欄）

複数名で学んでいるときは、各自が書き出したことを共有し、創造力を発揮するとはどういう行動だと思うか、ポイントを整理しましょう。

（記入欄）

自己チェックしよう

あなたは、創造力を発揮できていますか？ Yes の数を数えましょう。

好奇心が強く、世の中のトレンドに敏感なほうだ	Yes	No
日ごろから、問題意識を持って情報収集しているほうだ	Yes	No
今までのやり方にとらわれず、もっとよいやり方に挑戦したい	Yes	No
新しいことをするために必要な専門知識は、進んで学習する	Yes	No
言われたとおりやるより、自分なりの創意工夫をしたい	Yes	No

あなたは、創造力が不足することがありますか？ Yes の数を数えましょう。

世の中のトレンドにはあまり興味がない	Yes	No
日ごろから、あまり積極的に情報収集していない	Yes	No
今までのやり方を変えるのは面倒だ	Yes	No
今まで学んだことがない専門知識が必要なら、あきらめることが多い	Yes	No
言われたとおりに、コツコツやるほうが性に合っている	Yes	No

（2）創造力は日々の努力で鍛えられる

　創造力とは、**新しい価値を生み出す力**です。現在のビジネス環境は変化のスピードが激しく、それに対応できる企業だけが生き残る厳しい時代です。今までのやり方をしっかり守って確実に実行するだけでは、あっという間に置いていかれます。**新しい知識やスキルを学び続け、自分で考えて工夫して、変化に対応していく人が求められています。**

　創造力が、考え抜く力のひとつとして位置づけられているのはなぜでしょうか？　新しい価値を生み出すには、さまざまなことを学び、それを自分の頭でよく考えて組み合わせたり応用したりすることが必要だからです。創造力は、日々の努力で鍛えられます。

（3）好奇心や問題意識を持って情報収集する

　創造力を養うには、好奇心や問題意識を持って情報収集することから始めます。世の中には情報が溢れています。深く考えずにいると、私たちの周りを素通りしていきますが、その気になれば、新しい価値を生み出すために参考になる情報がたくさんみつかります。

今は特定のキーワードに合った情報を収集し続けるために便利な技術がたくさんあります。ニュース配信サービスで気になるキーワードを登録しておいたり、キーワードに合うテレビ番組を自動録画するように設定したり、気になる人のTwitterをフォローしたり、上手に活用して情報収集します。

好奇心と問題意識を持っていると、情報が違って見える

（4）必要な専門知識を学び引き出しを増やす

　今までのやり方を変えようと思ったら、学んだことがない専門知識やスキルが必要な場合もあります。専門外だから、知識がないから、といって尻込みしていたら前に進めません。自分で勉強して身に付けたり、専門家の力を借りるなどして、**自分の引き出しを増やしていく努力**が必要です。新しいアイデアは、何もないところからは生まれません。自分のなかに蓄積された知識や経験、さまざまなものが組み合わさって、変化して、新しいアイデアとして生み出されます。

(5) ブレインストーミングで知恵出しする

　ブレインストーミングとは、**頭をやわらくして自由な発想で話し合う**ことです。ひとりで考えるより、複数のメンバーで話し合ったほうが、さまざまな角度から知恵出しできます。人の発言に刺激されて、別のアイデアを思いつく、という相乗効果があります。ブレインストーミングするときによく使われる手法が、**KJ法**です。考案者である文化人類学者の川喜田二郎の頭文字からその名が付けられました。

　まず、取り上げたテーマに関連して思いつくことを書き出します。小さな紙切れ（付けたりはがしたりできる糊つきの付箋紙が便利）をたくさん用意して、**1枚にひとつのこと**を書きます。ポイントは以下のとおりです。

- **できるだけたくさん書き出す（質よりも量）**
- **抽象的な表現ではなく、具体的に記述する**
- **途中で人が書いたものを否定したり、評価しない**

　例えば、前述の教育部のケースでは、新入社員研修の教材はどうなっていたらハッピーかについて、全員で思いつく限りのことを書き出します。教育部にとっては、技術部にとっては、新入社員本人にとっては…と、さまざまな立場から考えるのもよいですし、教材の内容は、分量は、体裁は…と、教材についてさまざまな視点で考えてもよいでしょう。

　思いつく限り書き出したら、全員で見直しながら**グルーピング**します。このときのポイントは以下のとおりです。

- **似たような意見、視点が近い意見を近くに貼る**
- **人のアイデアを読んで、さらに思いついたことがあれば書き足す**
- **現状と照らし合わせて、できるできないと判断しない（突飛なアイデア歓迎）**

　グルーピングしながら、ブレインストーミングは続きます。ひとつのアイデアに乗って、さらに発想を膨らませましょう。思いついたことは、付箋紙に書いて追加します。「現実的にそんなの無理だよ」など、この時点で実現可能性まで判断する必要はありません。むしろ、そういうところに新しいアイデアが潜んでいます。

　グルーピングできたら、**重複しているものを整理**して、グループごとに**わかりやすい見出し**をつけて完成です。取り上げたテーマについて、メンバーからでたアイデアがいくつかの視点で整理されます。

（6）ディスカッションをファシリテーションする

　メンバーの知恵を結集して新しい価値を生み出す―創造的なディスカッションを行うには、工夫が必要です。複数のメンバーが集まったとき、その活動を円滑に進めるために舵取りすることを**ファシリテーション**、舵取りする人を**ファシリテーター**と呼びます。司会進行をするリーダーとは別にファシリテーターを置いて、ディスカッションが盛り上がるように**雰囲気作り**をしたり、ひとりの意見にうまく乗って**アイデアが広がるように**推進したり、話がそれてきたら**軌道修正**したり、からまってきたら**整理するのを助ける**といった支援をします。明確にファシリテーター役を置かなくても、参加するメンバー全員がファシリテーションを理解していれば、円滑に進むでしょう。ファシリテーションのポイントは以下のとおりです。

● **会議の目的を共有する**

　何のための会議なのか、今日のゴールは何なのか、全員が理解してからスタートするのが最も大切です。これができないうちに話し出すと、収拾がつかなくなります。何となく始まってしまったら「念のため、**今日の目的とゴールを書いておきましょう**」と率先してボードに書き出すなど、書記役を買って出るのもひとつの方法です。

● **全員が自由に話せる雰囲気を作る**

　アイデアをたくさん出したいときは、人の意見を否定したり評価しないのがルールですが、どうしてもそうなってしまうことがあります。大人しい人は意見が言えないこともあります。否定的な空気になったら「**まずはたくさんアイデアを出してみませんか？**」「少し話は違いますが、私は ×× というアイデアがあります」など自分から話を変えたり、「**他の視点で意見がある方は？**」と切り替えたり、発言していない人に「**○○さんはどうですか？**」と聞くなど、全員の様子に目配りしながら穏やかに話します。

● **軌道修正したり整理を助ける**

　ディスカッションしているうちに話がそれることもあります。多くのアイデアを出すのは大切ですが、拡散し過ぎてしまったら、「**少し話が広がり過ぎたようですから、××に話を戻しましょうか？**」「**×× の点について、話しませんか？**」「私はもう少し ×× について話し合いたいと思うのですが…」など軌道修正します。

● **まとめを助ける**

　アイデアも出尽くしてきたら、まとめに入るように促します。「**かなりアイデアが出ましたから、少し整理してみましょうか？**」など、呼びかけます。

　新入社員のうちは、自らファシリテーションすることは難しいですが、こうしたファシリテーションの方法を知っていれば、ディスカッションの場を冷静に見ることができます。まずは、自分自身がディスカッションに参加するとき、**目的とゴールを理解する**、人の意見を**否定したり評価せず積極的にアイデア出しに専念する**、話を逸らさないように注意する、ある程度で尽くしたらまとめに入る、といったことを実践しましょう。

考えてみよう

あなたはこれまでの経験で、創造力を発揮して、今までのやり方から脱却したり、新しいアイデアを生み出したことがありますか？　エピソードを書き出しましょう。

そのとき、なぜできたと思いますか？

創造力を発揮できた経験がない、今までのやり方から脱却したことがないと思う人は、どうしてだと思いますか？　自分に足りない点があるとすれば何ですか？

創造力を発揮して、新しい価値を生み出せるように、どういう点に気を付けて考え、行動したらよいか、今の考えを書き出しましょう。自分の引き出しを増やすために、勉強したいことがあれば、それも書き出しましょう。

まとめ

- 好奇心と問題意識を持って、日ごろから情報収集に努める
- 創造力の源となる知識や経験を蓄え、自分の引き出しを増やす
- 人のアイデアを否定したり評価せず、自由な発想でアイデアを引き出す

6. チームで働く力－多様な人々と協力する

> ● 自分の意見を積極的に伝えるとともに、人の意見もよく聞こう
> ● 相手の立場や気持ちを理解しようと努力することから始めよう

(1)ケース「協力したくなる人、協力したくない人」

　西川さんは、総務部で文書管理を担当しています。本社の移転を機に、社内に保管している文書の整理をすることになり、関係者を集めて説明会をしています。

西川：…ということで、各部門でキャビネットの整理をお願いします。

中野：ちょっと！　説明のなかで、全部門キャビネットの数を半減するとありましたが、これは絶対的なルールですか？　例外は一切認められませんか？

西川：はい。そうです。

中野：経理部では、今年度分の伝票類はすべてオフィス内に保管しているので、半減は絶対無理です。何考えてるんだ。

飯島：教育部も、今年度行う教育の資料と教材のサンプルを手元に置いておきたいので、今のキャビネット数でギリギリなんです。半減なんて無理だわ。

西川：そんなこと言われたって…決まったことですからお願いします。

柏葉：西川さん、ルールを決めるとき、各部門の事情を調査されましたか？

西川：総務部内で議論したときは、どの部門もギリギリなのは同じだから、目標は一律にして各部門に工夫を考えてもらおうということになったんです。

中野：各部門に押し付けるなんて無責任だろう。経理部は協力できませんよ。

西川：そんな…！　勝手なこと言わないでください。スリム化は社長命令ですよ。

柏葉：まあまあ…。少し整理しましょう。西川さん、キャビネット数を半減する、この目標は変更の余地はありませんか？

西川：全くないとは言えません。現在、移転後のレイアウトを検討中です。ただ、試算では最低 40% は削減しないと入りきらないことはわかっています。

柏葉：では、40% まで変更の余地ありですね。中野さん、経理部は全く減らせませんか？経理部のご経験が長い中野さんなら何かアイデアがあるのでは？

中野：うーん…確かに全くないとは言えないね。検討が必要だけど。

柏葉：教育部はいかがですか？　教材によって参照頻度の違いなどありますか？

飯島：そういわれてみれば…終了後３か月もたてばほとんど見なくなるけど…。

柏葉：今日の総務部からの提案を受けて、いったん各部門に持ち帰って検討してみませんか？私も広報宣伝部の現状を調べて、減らす工夫を考えてきます。

西川：すみません…よろしくお願いします。

考えてみよう

会議の参加者の言動について、あなたはどう思いましたか？

良かった点、悪かった点、その理由を書き出しましょう。

複数名で学んでいるときは、各自が書き出したことを共有し、人と協力するために必要な考え方や行動について、ポイントを整理しましょう。

自己チェックしよう

あなたは、発信力・傾聴力・柔軟性・情況把握力を発揮できていますか？

Yes の数を数えましょう。

発信力	事実を伝えるとき、固有名詞、数字は確認して正確に伝える	Yes	No
	何か説明するとき、結論を先、根拠・経緯・補足は後にしている	Yes	No
	何か説明するとき、受け手の状況を確認したうえでタイムリーに伝える（例：緊急でなければ、受け手に余裕がないときには無理に伝えない）	Yes	No
	何かを伝えたら、受け手が本当に理解したか、何らかの方法で確認する	Yes	No
	話の内容によって、面談、電話、メール、文書など手段を使い分ける	Yes	No
傾聴力	人の話を聞くときは、聞くことに専念して、理解しようとしている	Yes	No
	人の話を聞くときは、先入観なくできるだけ素直に聞こうとしている	Yes	No
	アイコンタクト、表情など、言葉以外のリアクションをする	Yes	No
	あいづちを打ったり、質問したり、言葉でのリアクションをする	Yes	No
	人の話は原則さえぎらず、相手が話しやすい雰囲気作りをする	Yes	No

柔軟性	国籍が違うなど、文化的背景が違う人と協力して何かをするときはお互いの文化について情報交換するようにしている	Yes	No
	考え方や感じ方が違って当たり前だと考え、受け入れる努力をする	Yes	No
	相手が負っている役割や立場を考えるようにしている	Yes	No
	自分と違う意見でも、よく聞いて理解しようと努めている	Yes	No
	自分と違う意見の人とも、対立を恐れず話し合おうと努めている	Yes	No
情況把握力	チームで何かするとき、自分の役割を理解している	Yes	No
	チームで何かするとき、周囲の人が自分に何を求めているか考えて、その期待に応えようと努めている	Yes	No
	その場の空気に合わせて、自分の感情や行動をコントロールできる	Yes	No
	相手の気持ちを予測して、気配りしている	Yes	No
	TPO（Time, Place, Occasion）をわきまえて、行動している	Yes	No

あなたは、発信力・傾聴力・柔軟性・情況把握力が不足することがありますか？
Yes の数を数えましょう。

発信力	事実を伝えるとき、固有名詞、数字を確認せず間違えることがある	Yes	No
	何かを説明するとき、順序は意識していない	Yes	No
	何かを説明するとき、受け手の都合よりも、早く伝えることを優先する	Yes	No
	受け手が本当に理解したか、特に確認はしない	Yes	No
	話の内容がどうであれ、原則メールを使う	Yes	No
傾聴力	人の話を聞きながら、それに対する自分の意見を考えていることが多い	Yes	No
	人の話を聞きながら、つい一般論や過去の経験と比べて評価してしまう（例：一般に○○は××なものだ…など最後まで聞かずに結論付ける）	Yes	No
	相手の目を見ない、無表情、腕組みなど、否定的な雰囲気になりやすい	Yes	No
	あいづち、質問など、言葉でのリアクションが少ない	Yes	No
	途中で人の話をさえぎることが多い	Yes	No
柔軟性	国籍が違うなど、文化的背景が違う人と協力して何かをするときでもお互いの文化について話すことは少ない	Yes	No
	自分と違う考え方や感じ方の人は、なかなか受け入れられない	Yes	No
	相手が負っている役割や立場について、あまり考えたことがない	Yes	No
	自分と違う意見を聞くと、どう反論しようかばかり考えがちだ	Yes	No
	自分と違う意見の人と対立したくないので、意見を言わないことが多い	Yes	No
情況把握力	チームで何かするとき、自分の役割は何か、あまり深く考えない	Yes	No
	チームで何かするとき、周囲の期待に応えようとは、あまり考えない	Yes	No
	空気が読めず、自分の感情をあらわにしたり、勝手な行動をとりがちだ	Yes	No
	相手がどういう心理状態か、あまり深く考えない	Yes	No
	TPO（Time, Place, Occasion）に関係なく、思うとおりに行動している	Yes	No

(2)自分の意見をわかりやすく伝える

　人と協力して仕事を進めるには、自分の意見をわかりやすく伝える**発信力**が必要です。ビジネスにおけるコミュニケーションでは、**事実を正確に**、**ポイントを簡潔に**、**相手の立場に立ってわかりやすい表現で**、**タイムリーに**伝えることが求められます。発信力が不足していると、自分の考えに対して理解や納得が得られず、協力してもらえません。説明したつもりなのに伝わっていなかった、わかっていると思って進めていたら誤解があった、ということが起きると、やり直しが発生して進捗が遅れます。理解を得られないうちに無理に進めようとすると、チームワークが乱れるでしょう。多様な人々と協力しながら円滑に仕事を行うには、**自分の意見をわかりやすく伝えて**、**伝わったかどうか確認**しながら進めることが求められます。

(3)相手の意見を丁寧に聴く

　協力してもらいたかったら、まず、**相手の意見に耳を傾ける**ことです。自分の言いたいことばかり押し付けても、誰も話を聞いてくれません。相手の話を丁寧に聴く努力をしましょう。丁寧に聴くポイントは以下のとおりです。

- ● 聞くことに専念する（自分の意見を考えながら聞いたりしない）
- ● むやみに相手の話をさえぎらない
- ● あいづちや短いコメントで相手の話を先に促す
- ● 姿勢や態度で「聞いています」と表す

　聞くことに専念するのは、案外難しく、意識的にしないとできません。誰でも人の話を聞くとき、「こういうことが言いたいのかな？」と先回りしたり、次に自分は何て言おうと整理したり、余計なことを考えます。「**まず、この人の意見を聞こう**」と、相手の話の理解に専念します。

　「聞いています」と積極的にアピールするのも効果的です。これを**アクティブリスニング**といいます。前に乗り出すようにして聞く、メモを取る、うなずく、相手の目を見るなど、聞いていることを姿勢や態度で示すと、相手は安心して多くのことを語ってくれます。

(4)多様性を尊重しながら、対立を恐れず話し合う

　世の中には、自分とは全く意見が違う人がいます。文化的背景、生まれ育った環境、専門分野、立場や役割、年代、性別など、違うのですから、**感じ方や考え方が違うのは当たり前**です。それを承知したうえで、相手を知る努力をして、「そういう考え方もあるんだ」「そういう感じ方をするんだな」と違いを受け入れましょう。

　意見が違えば、対立することもめずらしくありません。**多様性を尊重する**とは、遠慮して対立を避けることではなく、考え方や感じ方が違うことを理解したうえで、**真摯に話し合う**ことです。ポイントは以下のとおりです。

- 論点をはっきりさせる—意見が違う点、一致する点は何か？
- 落としどころを探る—ゆずれるところ、ゆずれないところは何か？妥協点は？

(5) 自分の役割を理解して空気を読む

　建設的に意見を戦わせることができるのは、ベースに**信頼関係**があるときです。周囲の人とよい関係を築くには、**自分の役割や周囲の期待を理解**し、それをわきまえて空気を読むことも必要です。**役割**とは、**何をどこまでやることが求められているのか**、ということです。その理解が間違っていると、求められている成果を十分出すことができません。わからなかったらあいまいなままにせず、納得できるまで上司や依頼者と話し合いましょう。

　周囲の期待とは、これこそ「**空気**」といってもよいでしょう。例えば、新人の場合、経験も知識も少ないので仕事の役割は補佐的でも、会議の場では「的外れでもいいから、新人ならではのフレッシュな意見を積極的に言ってほしい」と期待されているかもしれません。逆に「周囲の意見を注意深く聞いて学ぶ姿勢で臨んでほしい」と期待されているかもしれません。**今、この場で、自分は何を求められているのか**、考えましょう。空気を読む訓練は、失敗しながら経験を重ねることです。上司や先輩が、どういう行動をとっているか観察すると、良くも悪くも参考になります。

(6) 相手の立場や役割を考え、心理に配慮する

　仕事において意見が食い違うとき、相手の立場や役割を考えると、相手が考えていることを理解できる場合があります。基本的には、それぞれが自分の役割を果たし、目標を達成したいと思って仕事をしています。それを阻害するような言動をすると、強く反発されます。逆に言えば、「がんばろう」というやる気につながりやすい**ポジティブな心理を後押し**できれば、**モチベーション**が上がります。ポジティブな心理の例は、以下のとおりです。

- 自分の役割を確実に遂行して目標を達成したい
- 目標を達成して人から評価されたい

　場合によっては、チームの活動を停滞させてしまう恐れがある**ネガティブな心理**の例には以下があります。チーム内にこういう人がいたら、放っておかずに声をかけたり、気持ちを聞く配慮をしましょう。

- 今のやり方を変えたくない（変化を嫌う、今のやり方に自信があるなど）
- 他の人の意見が気になって自分では決められない（主体性がない）
- 根拠のない不安や優柔不断で前へ進めない（やる気がない、慎重派など）

やってみよう ....

チームに分かれて、次のゲームに取り組み、情報伝達を体験しましょう。

【準備するもの】

ゲームに参加する人は、筆記用具を各自用意します。

事務局は、本書のWebサイトからダウンロードできる講義の手引きの「第4章_地図」をチーム数と同じ枚数、地図がメンバーから見えないように持つためのバインダーやクリップボードをチーム数と同じ数、白紙の紙（A4）を人数分（チームリーダーを除く）、用意します。

【ゲームのルール】

● 複数のチームで競います。新入社員の人数が足りない場合は、新入社員がリーダーになり、先輩社員も交えて2チーム以上に分かれます。

● 1チームの人数は、4〜5人とします。公平にするために、チームの人数は同じにします。

● チーム内の役割分担は、リーダー1名、それ以外はメンバーです。

● リーダーが口頭で自宅（架空）の位置を説明し、メンバーに正しく伝わったかを競います。メンバーは一切口をきかないでください。リーダーへの質問はもちろん、メンバー同士で相談したり、お互いに描いている地図を見せ合うこともできません。

● 地図はリーダーだけが持っています。メンバーに見せてはいけません。

【進め方】

● **リーダーを決める**

チーム内でリーダーを決めます。

● **地図と用紙を配布する**

リーダーは、教育担当者から地図を受け取ります。地図がメンバーから見えないように注意してください。メンバーは、白紙（A4）と筆記用具を用意します。

● **リーダーの説明を聞きながらメンバーが地図を書く（5分）**

リーダーは、地図を見ながら、駅から徒歩で行く場合の道順を口頭で説明します。

メンバーは、説明を聞きながら、それぞれ白紙（A4）に地図を描きます。

● **地図の出来栄えを確認する＆チーム振り返り（20分）**

各自が描いた地図をチーム内でみて、リーダーが持っている地図と比べます。自分が描いた地図で、迷わずリーダーの自宅（架空）まで行けそうな人が何人いるか、カウントします。

正確に伝わらなかったら、何が悪かったのか、話し合って整理しましょう。

正確に伝えるには、何がポイントなのか、話し合って整理しましょう。

● **全体振り返り（チーム数によって適宜）**

各チームの結果と振り返りを発表し、優勝チームを決めます。行けそうな人数が同数の場合は、地図の出来栄えを見て、多数決（全体の拍手の大きさ）で決めます。

チームに分かれて、次のゲームに取り組み、情報伝達を体験しましょう。

【準備するもの】

ゲームに参加する人は、筆記用具を各自用意します。

事務局は、キーワードカードをチーム数分、白紙（A4）を人数×5枚程度以上、用意します。

キーワードカードは、本書のWebサイトからダウンロードできる講義の手引きのなかにあります。「第4章_キーワードカード」を印刷し、切り分けて、文字が見えないように2つ折りにして、番号順（一番上が1）に重ねて輪ゴムで止め、チーム数と同数を用意します。

【ゲームのルール】

● 複数のチームで競います。新入社員の人数が足りない場合は、新入社員がリーダーになり、先輩社員も交えて2チーム以上に分かれます。

● 1チームの人数は、4〜5人とします。人数は同じが望ましいですが、違っても可能です。

● チーム内の役割分担は、リーダー1名、それ以外はメンバーです。

● ゲームが始まったら、リーダーは、教育担当者のところにキーワードカードをもらいに行きます。1回にもらえるのはチーム人数分の枚数です。自分が絵を描く順番のもの以外は、もらったカードの中身を見ることはできません。

● 1番上のカードをリーダーが見て、紙に絵を描いて、メンバーにキーワードを伝えます。絵の描き方は自由ですが、文字は一切使えません。メンバーは、キーワードが何かを紙に文字で書いて当ててください。当たったら時計回りで次の人に、リーダーが2番目のキーワードカードを渡し、渡された人が絵を描きます。一回りしてキーワードカードがなくなったら、リーダーが人数分を受け取りに行きます。制限時間内に、何枚正解できるかを競います。

● 絵を描く順番の人は、一切口をきかないでください。他のメンバーは話しても構いませんが、答えは声に出さず、紙に文字で書いてください。文字は、ひらがな・カタカナでもOKです。

● キーワードカードはパスできますが、−1枚のペナルティになります。

【進め方】

● リーダーを決める

チーム内でリーダーを決めます。

● 絵を描いてキーワードを伝える（10分）

ルールに従って、メンバーが時計回りで順番に絵を描く人になって、キーワードを伝えます。

● 結果発表（10分）

各チームの当てた枚数を発表し、優勝チームを決めます。

● 全体振り返り（適宜）

全員の前で、ゲームを通じて感じたことを何人かに話してもらい、共有します。

やってみよう

2人一組で、次のゲームに取り組み、話す・聞くを体験しましょう。

先に話すほうをAさん、後から話すほうをBさんとします。

AさんはBさんに「わたしの趣味」について3分間話してください。Bさんは、あいづちを打ったり、うなずくなどのリアクションを取らず、Aさんの目を見ないで聞いてください。

話し終わったら、Aさんが感じたことを書き出しましょう。自分がBさんだった場合は、Aさんの気持ちを聞いて、書き出しましょう。

BさんはAさんに「わたしの趣味」について3分間話してください。Aさんは、大いにアクティブリスニングしてください。話し終わったら、Bさんが感じたことを書き出しましょう。自分がAさんだった場合は、Bさんの気持ちを聞いて、書き出しましょう。

考えてみよう

現在のあなたが周囲から期待されていることは何でしょうか？　自分で予測して書き出したら、上司や先輩にも聞いて、書き足しましょう。

まとめ

■ 正確・簡潔・わかりやすく・タイムリーに伝える

■ 相手の話を丁寧に聞き、積極的に聞いていることを姿勢や態度で伝える

■ さまざまな考え方・感じ方があることを理解し、相手を尊重しながら真摯に話し合う

■ 自分の役割や周囲からの期待、相手の役割や立場を考え、配慮する

7. チームで働く力－組織のルールを守る

> ● 所属する組織のルールにはどういうものがあるのか学ぼう
> ● ルールには必ず意味がある－なぜそのルールがあるのか考えよう

(1) ケース「ルールの意味を考えよう」

　営業の三谷さんは、明日お客様先に直行するので、USB メモリにプレゼンテーション資料を入れて持ち帰ろうとしています。そこに同期の神崎さんが話しかけました。

神崎　：三谷さん、USB メモリ持って帰るの？

三谷　：うん、明日お客様先に直行なんだ。

神崎　：でも、今夜はこれから同期の飲み会があるじゃないか。持ち出し用の情報機器を持っているときは飲んで帰るのは禁止って規則だよ。まずいんじゃない？

三谷　：そうなんだけど…。まあ、大丈夫だよ、首からぶら下げておくから。

神崎　：そういう問題じゃないよ。この間、セキュリティ研修で見た「実録! PC 紛失事故」忘れたの？　あれ、うちの会社で起きた実話だよ。正直、あんなに大変なことになるなんて思わなかった…。お客様にも社内にも大変な迷惑と損害をかける恐れがあるから、あの規則があるんだよ。

三谷　：脅かすなよ…。でもそうだね、自分に限って大丈夫ってことないよな。明日、井坂さんも同行するから代わりに持参してもらえないか聞いてくるよ。

神崎　：そうか、そのほうがいいよ。

　受付の悠木さんは、応接室の予約管理もしています。営業の神崎さんがやってきました。

神崎　：すみません、A 応接室の予約の件で相談があるのですが、よろしいですか？

悠木　：はい、どういうご用件でしょうか？

神崎　：実は、明朝 10 ～ 12 時の予約を、お客様のご都合で 9 時～に延長したいんです。

悠木　：申し訳ありませんが、応接室のご予約は 2 時間以内となっております。延長ご希望の場合は、Web から申請して部長承認を得ていただけますか？

神崎　：それが、部長が不在で…。先ほどお客様から急に連絡があったので…。

悠木　：そう言われましても…。

大平係長：悠木さん、話は聞いたわ。神崎さん、わかりました。9 時～に延長します。

神崎　：ありがとうございます。お手数をおかけして申し訳ありません。

悠木　：大平係長、よろしいんですか？　ルール違反です。

大平係長：2 時間ルールは、ひとりが独占しないためにあるけど、今から明朝の予約を入れる人はほぼないでしょう。それに B 応接室も空いているから大丈夫よ。

考えてみよう

2つのケースを読んで、あなたはどう思いましたか？　その理由も書き出しましょう。

（記入欄）

複数名で学んでいるときは、各自が書き出したことを共有し、組織のルールを守るとはどういう行動だと思うか、ポイントを整理しましょう。

（記入欄）

自己チェックしよう

あなたは、規律性を発揮できていますか？ Yes の数を数えましょう。

社会のルール（法律、社会的規範など）を守って人に迷惑をかけない	Yes　No
所属する組織（職場、大学など）のルールを守って人に迷惑をかけない	Yes　No
ビジネスマナーの基本を理解し、おおむね迷わず対応できる	Yes　No
何のためのルールやマナーなのか、その目的を考えている	Yes　No
ルールやマナーは原則であり、目的に照らし合わせて柔軟に実践する	Yes　No

あなたは、規律性が不足することがありますか？ Yes の数を数えましょう。

社会のルール（法律、社会的規範など）を軽視しがちだ	Yes　No
所属する組織（職場、大学など）のルールを軽視しがちだ	Yes　No
ビジネスマナーの基本の理解について、あまり自信がない	Yes　No
何のためのルールやマナーなのか、目的まではあまり深く考えない	Yes　No
ルールやマナーは、そのとおり守ることが何より大切だ	Yes　No

（2）社会や組織のルールを理解する

　私たちが社会の一員として生きるうえで、守るべきルールはさまざまです。ルール自体を知らなければ守れないので、まずは学ぶことです。

　社会のルールとは、**法規範**のように明確に定められている取り決めと、**社会規範**のように暗黙の取り決めとがあります。法律は、私たちが守るべきルールの一部を明文化したものであって、それがすべてではありません。法で定められていようといまいと、心のなかに「**人として正しい行いとは何か**」をしっかり持つことです。

　一方で、組織に所属すれば、その組織内でのルールがあります。これも、明文化されたものと暗黙のものがあります。**就業規則**は、社員が働くうえで守るべき規則や労働条件を明文化したもので、入社したら最初に目を通すべき規則です。それ以外にも会社によってさまざまな明文化されたルールが存在します。例えば、以下のようなものがあります。会社によって名前も種類もさまざまです。

- 品質や商品安全に関するもの－品質保証規程、商品安全規程
- 環境に関するもの　　　　　　－環境マネジメントガイドライン
- セキュリティに関するもの　－情報セキュリティガイドライン
- 社内情報管理に関するもの　－文書管理規程
- 危機管理に関するもの　　　　－災害時行動基準
- 企業倫理に関わるもの　　　　－ハラスメント防止ガイドライン

　暗黙のルールは、例えば「社内では役職名を使わず、さん付けにする」「会議では配布資料を紙で配らず、事前に電子で送る」といった具合です。上司や先輩の指導を受けて覚えましょう。

（3）ルールやマナーの意味を考えて実践する

　ルールやマナーは、そのとおり守ればよいというものではありません。そこには必ず意味があります。その意味を考えれば、**ケースバイケースで柔軟な対応**ができるようになります。

　例えば、前述のケースでは、大平課長は「応接室予約は２時間以内、延長する場合はWebから申請して部長承認を得る」というルールを破っています。しかし、このルールの意味は、限られた数の応接室をひとりが独占しないようにすることで、２時間を厳守すること自体は重要ではありません。明朝であれば、今から応接室を予約する人もほぼいない、Ｂ応接室もまだ空いている、神崎さんの部の部長は不在でWeb申請しても承認が間に合わない、という状況なら、ルールを破って３時間に延長しても問題ありません。

　このように、**ルールを守ることは重要**ですが、**ルールの意味を自分で考えたうえで違う対応をする場合**があります。迷ったら勝手に判断せず、上司に相談しましょう。

調べてみよう
....

　あなたの会社で明文化されているルールを学びましょう（社内のホームページで調べる、教育担当者の指導を受ける、上司や先輩に聞くなど）。

　特に気を付けなければいけないと感じたことがあれば、以下に書き出しましょう。

　あなたの会社の暗黙のルールを学びましょう（教育担当者の指導を受ける、上司や先輩に聞くなど）。

　特に気を付けなければいけないと感じたことがあれば、以下に書き出しましょう。

ま と め

- 組織の一員として、明文化されたルール、暗黙のルール、両方守る
- ルールやマナーの意味をよく考えて実践する

8. チームで働くカーストレスと付き合う

> ● 自分はどういうときにストレスを感じるのか、振り返ってみよう
> ● ひとりで悩まず、周囲の人や担当部門に相談したり、解消する方法を考えよう

(1) ケース「働くっていうのはツライときもあるんだ」

　藤木さんは営業です。営業経験が浅く、成績が振るわず、最近元気がありません。

　今も、課長にミーティングルームに呼ばれて帰ってきたところですが、どうやら叱られた様子です。心配した先輩の相沢さんが声をかけています。

相沢：なんだ、元気がないじゃない。

藤木：ああ…はい。

相沢：どうせまた課長にガツンと叱られたんだろう？

藤木：ええ、まあ、そんなところです。

相沢：そっか、ちょっと休憩室でコーヒー飲まない？　オレも疲れちゃった。

　　　　（2人は会社の休憩室でコーヒーを飲みながら話しています）

相沢：気にすんなよ。課長がワーッと怒るのは藤木だけじゃないよ。いつもそうなんだから。
　　　叱った後はケロッとしてるし、ネチネチ言われるよりよっぽどましだよ。

藤木：そうですね。情けないんですけど、あまり人に叱られるの慣れてなくて…。
　　　それに、自分の営業成績が悪いせいなんです。課長は悪くありません。

相沢：まあ、そう思い詰めるなよ。どう？　お客様に行くのは慣れた？

藤木：…苦手なお客様と、そうでもないお客様がいます。

相沢：ふーん…どういうお客様が苦手？

藤木：威圧的な感じで…せっかちというか、キビキビしたタイプは苦手です。
　　　結論を簡潔に述べろ…！　みたいなスピード感のある人…ですかね。

相沢：課長みたいなタイプね（笑）　じゃあ、そうでもないお客様は？

藤木：うまく言えませんが…。私はあまり営業トークが得意ではありませんが、自社商品やサービスはかなり勉強しているつもりです。お客様のご質問には誠心誠意お答えしています。何度かお会いして、それをわかってくださるお客様とは、とてもよい関係が作れます。…そういう方、少ないですけど。

相沢：見てたよ、藤木がすごい勉強しているの。まだ営業になって日が浅いから、成績に表れていないだけだと思うよ。そういうお客様をひとりでも増やすように、やってみたら？
　　　苦手なお客様には、同行してやってもいいよ。

藤木　はい、ありがとうございます。がんばってみます。

2人の言動について、あなたはどう思いましたか？　その理由も書き出しましょう。

　複数名で学んでいるときは、各自が書き出したことを共有し、ストレスと上手に付き合うとはどういう行動だと思うか、ポイントを整理しましょう。

自己チェックしよう ....

　あなたは、ストレスコントロール力を発揮できていますか？ Yes の数を数えましょう。

自分がどういうときにストレスを感じやすいか、傾向を自覚している	Yes	No
ストレスを感じたら、何が自分を落ち込ませているのか、よく考えてみる（例：クレーム電話が嫌だ→お客様の役に立てないのが嫌だ）	Yes	No
ストレス原因が取り除けるなら、積極的に解決する努力をしている	Yes	No
ストレス原因が取り除けないなら、気分転換する手段を持っている	Yes	No

　あなたは、ストレスコントロール力が不足することがありますか？ Yes の数を数えましょう。

自分がどういうときにストレスを感じやすいか、よくわからない	Yes	No
ストレスを感じたら、そのことを深く考えるのをやめてしまう	Yes	No
ストレス原因を取り除こうなど、前向きに考えられない	Yes	No
ストレスを解消するために、気分転換する手段が思いつかない	Yes	No
ストレスを感じると、自分の殻に閉じこもって人に相談できない	Yes	No

（2）自分のストレスに対する傾向を知る

　ストレスを感じるポイントは、人によって違います。**体力も精神力も個人差がある**うえに、**こだわる点が違う**からです。前述のケースの藤木さんは、「あまり人に叱られるの慣れてなくて…」と言っていますが、そういう人は少し叱られただけでも大きなショックを受けます。他にも、上司にあれこれ指導されるのが耐えられない、指導してくれないのが不安でたまらない、複数の仕事を並行して進めると混乱して気が急いてしまう、単調な作業を繰り返していると耐えられなくなるなど、さまざまです。**自分がストレスを感じやすいのはどういうときか**、日ごろから考えて理解していると対処がしやすくなります。藤木さんも「自分は叱られるのに慣れていないから、叱られると必要以上にショックを受ける傾向がある」と自覚したうえで叱られるなら、**自分の精神状態を客観的に見られる**ので、少しショックを和らげることができるでしょう。

（3）自分がモチベーションアップする傾向を知る

　どういうときにモチベーションが上がるかを、知っておくのも効果的です。「人前に出て目立つほうがやる気が出る」「褒められると伸びる」「任せてくれたほうが思い切ってできる」「コツコツ黙々と仕事をして達成したときの喜びが大きい」など、**自分がうれしいこと**を考えてみましょう。それがわかれば、モチベーションが上がるような仕事ができるように、自分でも努力します。例えば「褒められると伸びる」と自覚しているなら、少しでも上司に褒めてもらったときに「ありがとうございます！　私、褒められると伸びるタイプなんでうれしいです」など明るく宣言しておきます。「任せてくれたほうが思い切ってできる」と思うなら、「少し自分の力でやってみたいんです。困ったときはすぐに相談しますので、この部分は任せていただけませんか？」など自分から提案してみることもできます。

（4）積極的ストレス対処法

　ストレスの原因をよく考えて、それを取り除くように努力するのが積極的ストレス対処法です。ポイントは以下のとおりです。

- 強い心を持つ
- ストレスの原因を考える
- 解決策を考える

　まず、多少のストレスには負けない、強い心を持つことです。簡単ではありませんが、ひとつの方法は、**何かひとつでも仕事で自信が持てるものを身に付ける**ことです。「○○の知識だったら誰にも負けない」「××だったら任せてくれ」ということがあれば、自分を信じる気持ちを失わずに済みます。「私がだめだから、こうなるんだ…」と何でも悪いように考えてしまうと、自信を失うからです。

　それでも、ストレスに負けそうになったら、**自分がストレスを感じているのは何に対してなのか、なぜなのか**、深く考えてみます。強いストレスを感じているときは、そのことを考えるのも嫌だ、という心理状態に陥ることがあります。考えること自体が心の健康にとってよくない場合は、**消極的ストレス対処法**を勧めますが、解決しようという気持ちが少しでも持てるなら、原因を考えてみましょう。

　ストレスの原因がわかったら、どうしたらその原因を取り除くことができるか考えます。方法はいろいろあります。**自らその原因を取り除くように働きかけたり、他の人の力を借りて解決**したり、**自分の考え方自体を変える**などです。前述の藤木さんは、先輩の相沢さんが心配して声をかけてくれています。日ごろから、コミュニケーションしている先輩がいれば、悩んだとき相談しやすいでしょう。もちろん、上司に相談できるなら、それが一番です。

　会社によっては、セクシャルハラスメント、パワーハラスメントなど、相談しにくいことも話しやすいように**社員の悩み相談に対応する専用窓口**があったり、**キャリア相談室**のような部署がある場合もあるので、相談してみる気持ちになったら利用するとよいでしょう。

(5)消極的ストレス対処法

　ストレスの原因がすぐに取り除けない場合、一時的でもストレスから解放されるように気分転換するのが、**消極的ストレス解消法**です。好きなことをしてリフレッシュして、ストレスを軽減することで、**心身のバランスを保つ**方法です。おいしいものを食べる、ショッピングする、趣味に没頭するなど、**自分なりの気分転換法**を持ちましょう。

考えてみよう

　あなたは、どういうときにストレスを感じやすいですか？

　自覚している傾向があれば、書き出しましょう。その後で、周囲の人からはどう見えているのか、上司や先輩、同僚に聞いてみましょう。

```



```

　あなたは、どういうときにモチベーションアップしやすいですか？

　自覚している傾向があれば、書き出しましょう。その後で、周囲の人からはどう見えているのか、上司や先輩、同僚に聞いてみましょう。

```



```

あなたは、気分転換する手段を持っていますか？　あれば、書き出してみましょう。

調べてみよう

　あなたの会社では、仕事や対人関係など悩んだときに、相談できる専門窓口や担当部署がありますか？　困ったときに相談できるように調べておきましょう（悩み相談窓口、キャリア相談担当部署、産業医など）。

まとめ

- 自分のストレスに対する傾向を知ることで、ショックを和らげる
- 自分がモチベーションアップする傾向を知ることで、やる気を出す
- 積極的ストレス対処法と、消極的ストレス対処法を組み合わせて乗り切る

やりたい仕事からやってしまう？

「プライオリティはわかっているけど、つい、自分が興味がある仕事、やりたい仕事を優先してしまう」という人がいます。自覚していればまだよいのですが、気が付かないうちに自分のやりたい仕事の「緊急度」「重要度」が他の仕事より高いと錯覚しているケースもあるので注意が必要です。

組織の一員である以上、自分の意にそぐわない仕事もたくさんあります。仕事の目的を理解できても、苦手、面倒、という仕事があるでしょう。割り切って取り組むしかないのですが、少しでも気持よく働くためのヒントは3つあります。

ひとつは、**「いやな仕事でも何か自分なりの意義を見い出す」**です。組織にとって重要なことはわかっていても気が進まないわけですから、自分にとっての意義を何か見い出すのです。「この経験は将来のために勉強になる」「いっしょに働くメンバーが楽しい」でも何でもOKです。実際、どういう仕事でも、後から振り返ってみると「あの経験は無駄ではなかったな」ということがほとんどです。単純作業で大変だった仕事ですら、「あの経験が忍耐力を養ってくれた」と思えるかもしれませんし、つらくて苦しい仕事も「あのとき一緒に働いたメンバーは、結束が強くなった」という場合もあります。

もうひとつは、**「疲れてきたら、気分転換代わりに時間を限ってやりたい仕事をやる」**ことです。いやな仕事のほうが「緊急度」が高い場合、やりたい仕事は後回しです。しかし、疲れて能率が落ちてくると、いやな仕事はますますできなくなります。気分転換に1時間だけ、というように時間を区切ってやりたい仕事に取り組む方法があります。

最後は、長期的な対策として**「やりたい仕事しか依頼されない情況を作る」**ことです。あなたが本当にやりたい仕事の分野で組織が一目置くほどのプロフェッショナルになって、「このことなら○○さんが第一人者だ」という状況を確立すれば、当然その仕事があなたにたくさんやってきます。周囲の人も、あなたの大切な工数を、他のことで無駄にしようとは思わなくなります。自分の努力で自分の情況は変えられます。時間がかかっても、ぜひそういう環境を手に入れましょう。

第**5**章 現場で学ぶ

　組織の一員として、自社への理解を深めたり、仕事に対する心構えをしっかりとしたものにするためには、座学だけでなく現場で学ぶことが効果的です。自社では、どこで、どういう人たちが、どういう役割で働いているのか、実際の仕事がどう進められているのか、具体的なイメージを掴むために、現場で、現実、現物を、自分の目で見ましょう。

　第5章では、社内見学、同行学習、現場実習を行う場合の注意点を解説します。現場で学ぶ機会がある人は、十分な準備をして、有意義な場にしましょう。

1.社内を見学する

2.先輩に同行する

3.業務を体験する

1. 社内を見学する

> ● 見学する機会があれば、積極的に足を運ぼう
> ● 社内外の人に迷惑をかけないように、TPOに合った身だしなみと言動を心がけよう

　会社の規模によって違いますが、社内のどこにどういう役割の人たちが働いているのか、見学できるところは自分の目で見ておきたいものです。同じフロア、同じビル、同じ拠点内はもちろん、工場、ショールームなど、他の拠点や特徴的な施設がある場合は、見学すると自社への理解が深まります。就職活動中の企業紹介イベントでも、見学会が催される場合があるので、すでに見学したところがある人もいるでしょう。ここでは、社内見学の準備、注意点について学びます。

(1)社内見学の流れ

　社内見学をするとき、行き場所や目的によっても違いますが、概要は以下のとおりです。

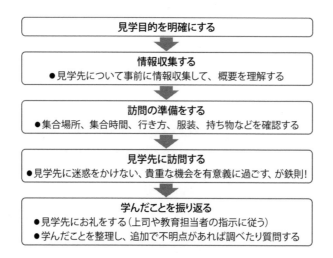

(2)見学目的を明確にする

　何のために見学するのか、**学習目的を明確**にします。それによって、どこに着目して見学したらよいかも明らかになります。

(3)情報収集する

　事前にできる範囲で**情報収集**し、自分なりに「こういうところなのか」「それだったら、特にここが詳しく見たいな」など考えておくと、短時間の見学でも多くを学べます。情報収集方法は、社内の特徴的な施設であれば、会社案内や公式ホームページにも掲載されている可能性がありますし、上司や先輩に聞いてみてもよいでしょう。

（4）訪問の準備をする

　社内見学に行くときは、以下の準備をします。これ以外にも、特別な準備が必要な場合があるので、必ず上司、先輩、教育担当者などに事前に確認します。

● 集合場所、行き方を確認する

　遠隔地や慣れない場所にいくときは、確認しましょう。万一何らかの事情で遅れる場合を想定し、緊急連絡先（訪問先の連絡先や引率者の携帯電話番号など）を控えておきます。

● 持ち物を揃える

　社員であることを証明するもの（社員証など）、名刺、事前に収集した資料、社内見学シート（p.141参照）、ノートやメモ帳、筆記用具、カメラなどの記録用機器（使用できる場合）などを準備しておきます。

● 服装を確認する

　見学先によって服装の指定がある場合があります。スーツ着用、動きやすい服装など、ケースバイケースなので注意します。原則、お客様に会う可能性がある場所（ショールームなど）では、スーツ着用で、身だしなみには特に気を付けましょう。

（5）見学先に訪問する

　社内見学で重要なことは、**見学先に迷惑をかけない**、**貴重な機会を有意義に過ごす**、の2点です。新人研修で社内見学する場合は、周囲は「新人だ」と注目しているかもしれません。すれ違う人への目礼、挨拶など、新人らしく元気に礼儀正しく振る舞いましょう。

　当日訪問するときの注意点は、以下のとおりです。

● 時間に余裕を持って行く

　事前に見学の予約をしている場合や、他の人と一緒に行く場合は、遅れると大変迷惑をかけます。十分余裕を持って行きましょう。

● 私語は慎む

　質問してよいときは積極的にしますが、見学中の私語は慎みます。訪問先では、社員が業務中にもかかわらず、皆さんの見学に協力してくれています。**仕事の邪魔にならないように静かに見学**します。お客様と会う可能性がある場所では、特に立ち居振る舞いに注意します。

● 許可なく周囲のものに手を触れない・撮影しない

　現場に迷惑をかけないように、**立ち位置にも注意**してください。許可なく撮影・録音・録画するのも厳禁です。

● 質問は積極的にする

　質問してよいときは、事前に調べて聞きたかったこと、当日見学して疑問に思ったこと、興味を持ったことなど、積極的に聞きましょう。聞いたことは、**メモを取って後で整理**します。

● 感謝の気持ちを表す

　　見学に協力してくれた社員の皆さんに、感謝の気持ちで接しましょう。説明してくれた人、案内してくれた人に、礼儀正しく感謝を述べます。

(6)学んだことを振り返る

　　社内見学を終えたら、見学先にお礼をするとともに、学んだことを整理します。
振り返りの注意点は以下のとおりです。

● 見学先にお礼をする

　　上司や教育担当者に、お礼の連絡方法やタイミングを相談してください。通常は、社内ですからメールなど簡単でよいですが、見学から帰ってきたら、翌日にでもお礼の連絡をします。複数名で行った場合は、バラバラにせず、まとめてします。

● 学んだことを整理する

　　社内見学シートに記入したことを見ながら、整理します。

● 学んだことを共有する

　　複数名で訪問した場合は、各自が学んだことを共有します。他の人の気付きから学んだことがあれば、自分の社内見学シートに追記します。

● 学んだことを上司に報告する

　　社内見学シートに基づき、上司に報告しましょう。報連相の練習になります。見学先にも整理が終わった社内見学シートを送って、学んだことを報告してもよいでしょう。

簡潔に報告しよう

有意義な見学会だったようだね。

昨日××を見学しました。目的は…主な内容は…

…も勉強すると理解が深まるよ。

…について学びました。

私が特に感銘を受けたのは…

見学先
見学目的
主な内容
学んだこと
感じたこと
など

こんな社内見学はNG!

遠足気分：見学も仕事です。見学先の社員も仕事中です。真剣に！

予備知識なし：基本情報を理解していくのが礼儀です。

初めての場所で迷子：集合場所、行き方はしっかり確認しておきます。

場違いな服装：指定された服装厳守、長く歩くならローヒールなど常識的判断をします。

私語をペチャクチャ：新しい発見が多く楽しいものですが、大きな声での私語はNGです。

許可なくものに触る：現場に迷惑をかけないが鉄則です。

うっかりぶつかる：狭い場所では、かばんなど持ち物にも注意します。

許可なく質問しまくる：質問してよいタイミングを最初に確認し、OKなときに積極的に行います。

現場の人に勝手に質問：引率者の許可なく、現場で働く人に質問しません。

質問は？…シーン…：時間を割いて見学に協力してくれた人たちに失礼です。

すれ違う人に挨拶なし：社内にいる人は全員先輩です。新人らしく、元気に挨拶します。

(7)社内見学シート

本書のWebサイトからダウンロードして使用してください。

枠が狭くて書ききれない場合は、適宜広げてください。Word文書で用意しています。

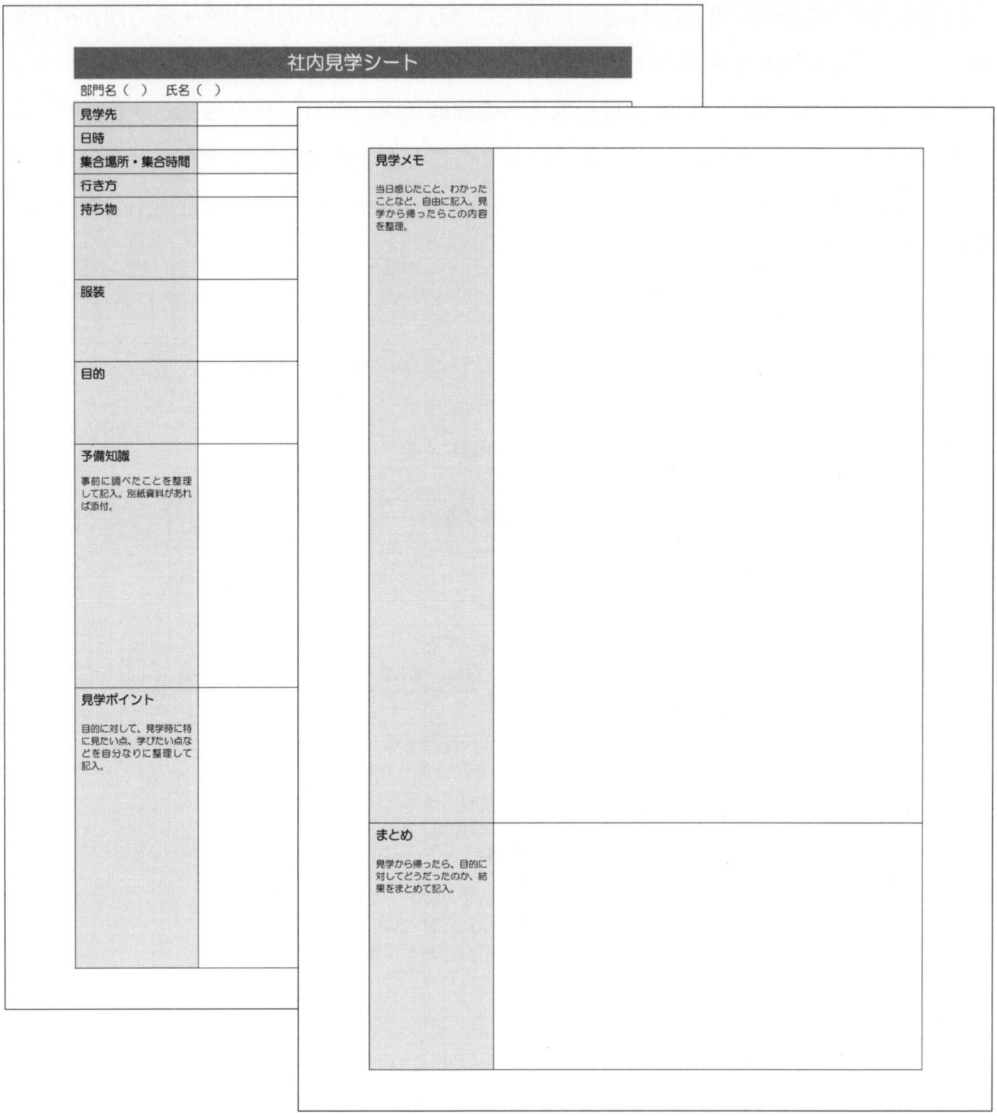

社内見学シート

部門名（ ） 氏名（ ）

見学先	
日時	
集合場所・集合時間	
行き方	
持ち物	
服装	
目的	
予備知識 事前に調べたことを整理して記入。別紙資料があれば添付。	
見学ポイント 目的に対して、見学時に特に見たい点、学びたい点などを自分なりに整理して記入。	

見学メモ 当日感じたこと、わかったことなど、自由に記入。見学から帰ったらこの内容を整理。	
まとめ 見学から帰ったら、目的に対してどうだったのか、結果をまとめて記入。	

まとめ

- 見学目的を理解し、事前の情報収集に努め、積極的に見学して有意義に過ごす
- 見学先に迷惑をかけないように、十分注意して見学する
- 新人らしい態度で、見学先の人たちに元気に挨拶する

2. 先輩に同行する

> - 上司や先輩に同行可能な機会があれば、積極的に同行させてもらおう
> - お客様や関係者に迷惑をかけないように、TPO に合った身だしなみと言動を心がけよう

日々の業務のなかで、現場ではどう活動しているのか、具体的に体感する方法が**同行学習**です。先輩がお客様や取引先へ訪問するときに同行して、そのやり取りを聞きながら、**お客様や取引先への理解**、**自社のビジネスへの理解**を深めたり、自分も同じ職種の場合は仕事への理解と覚悟を強めるなど、非常に多くのことが学べます。ただし、社内見学と違って、**社外の人の協力があって成り立つ**ことなので、迷惑をかけないように十分な準備と気配りが必要です。

(1)同行学習の流れ

同行学習をするとき、行き場所や目的によっても違いますが、概要は以下のとおりです。

```
┌─────────────────────────────────┐
│         同行目的を明確にする          │
└─────────────────────────────────┘
                ▼
┌─────────────────────────────────┐
│           情報収集する              │
│ ●同行先のお客様や取引先について事前に情報収集して、概要を理解する │
│ ●同行させてくれる先輩の訪問目的を理解し、自分のとるべき態度を確認する │
└─────────────────────────────────┘
                ▼
┌─────────────────────────────────┐
│          同行の準備をする            │
│ ●集合場所、集合時間、行き方、服装、持ち物などを確認する │
└─────────────────────────────────┘
                ▼
┌─────────────────────────────────┐
│        お客様や取引先に訪問する        │
│ ●訪問するお客様や取引先に迷惑をかけない │
│ ●同行させてくれる先輩社員に迷惑をかけない │
│ ●貴重な機会を有意義に過ごす、が鉄則! │
└─────────────────────────────────┘
                ▼
┌─────────────────────────────────┐
│          学んだことを振り返る          │
│ ●同行先にお礼する(上司や同行した先輩社員の指示に従う) │
│ ●学んだことを整理し、追加で不明点があれば調べたり質問する │
└─────────────────────────────────┘
```

(2)同行目的を明確にする

同行することで、自分は何を学ぶのか、**同行学習の目的を明確**にします。それによって、どこに着目したらよいか、事前に心構えができます。例えば、自分も同じ職種なら、自分が実際に仕事をするときのコツや注意点を学べます。自分とは全く違う職種であれば、自分の担当業務以外の仕事を見ることで、自社のビジネスに対する視野が広まり、理解が深まるでしょう。

（3）情報収集する

訪問先がわかっている場合は、事前にできる範囲で情報収集します。

● **訪問先の情報を調べる**

訪問先の企業概要、主な事業内容といった基本情報はインターネットで調べ、個別の事情（お客様側の担当者情報、ニーズ、これまでの取引状況など）は先輩に聞きます。

● **先輩の訪問目的を確認する**

先輩は何のためにお客様や取引先を訪問するのか、**訪問目的を事前に確認**します。単に「面談」ではなく、「お客様に○○についてのニーズをヒアリングし、次回提案する許可をいただく」「取引先に××について説明して理解してもらい、○○を合意する」など、できるだけ具体的に聞いておくと、当日、話の内容が理解しやすいでしょう。

（4）同行の準備をする

同行するときは、以下の準備をします。これ以外にも、特別な準備が必要な場合があるので、必ず上司、先輩、教育担当者などに事前に確認します。

● **集合場所、行き方を確認する**

現地集合の場合は、**交通手段や所要時間を確認**します。万一何らかの事情で遅れる場合を想定し、先輩の**緊急連絡先**（携帯電話番号など）を控えておきます。

● **持ち物を揃える**

社員であることを証明するもの（社員証など）、名刺、事前に収集した資料、ノートやメモ帳、筆記用具などをビジネスバックに入れて持ちます。

● **服装を確認する**

原則はスーツ着用ですが、訪問目的や訪問先によって服装に指定がある場合は、それに従います。場違いにならないように、先輩によく確認しましょう。

（5）お客様や取引先に訪問する

同行学習で重要なことは、**訪問先のお客様や取引先に迷惑をかけない**、同行させてくれる**先輩に迷惑をかけない**、**貴重な機会を有意義に過ごす**、の３点です。多くの場合、同席理由がわからない人がいると不審に思われるため、教育の一環として連れてきていることを先輩社員が説明するので、紹介されたら、新人らしい態度で、元気に礼儀正しく振る舞いましょう。当日訪問するときの注意点は、以下のとおりです。

● **時間に余裕を持って行く**

会社から先輩と出かけるときはよいですが、現地集合の場合は絶対に遅刻しないように、十分余裕を持って行きましょう。**先輩より早く到着するのがマナー**です。15分前には到着して事前に収集した情報を予習して待ちます。万一遅刻する場合は、約束の時間までに先輩に連絡し、指示を仰ぎます。

● **勝手に発言しない**

お客様や先輩から話を振られたり、質問されたりしない限り、原則、発言は控えます。

もともと教育目的で同行している人が、その場に役立つ発言ができるとは期待されていません。発言を求められた場合、ハキハキと手短に応えます。長々話すのはNGです。

● **その場では質問しない**

お客様や取引先にとってはビジネスの場、話のなかでわからないことがあっても、その場で先輩に質問するのは控えます。同行学習シートを目につくところに出すのも失礼になる恐れがあります。その場ではノートにメモを取り、帰社してから整理します。質問は、訪問先から完全に出てからにします。電車のなかなど公共の場でお客様や取引先の話はできないので、込み入ったことは帰社してから質問します。

● **感謝の気持ちを表す**

同行学習に協力してくれた社外の方、先輩社員に、感謝の気持ちで接しましょう。

（6）学んだことを振り返る

同行を終えたら、学んだことを整理します。振り返りの注意点は以下のとおりです。

● **同行先にお礼をする**

同行してくれた先輩に、お客様や取引先へのお礼の要不要、連絡方法やタイミングを相談してください。通常は、その場でお礼を述べますが、相手が新人とわかって指導してくれるなど、お世話になったら、お礼のメールやはがきを出すとよいでしょう。

● **学んだことを整理する**

ノートにメモしたことを整理して、同行学習シート（次ページ参照）に記入します。

● **学んだことを共有する**

複数名で同行学習した場合は、各自が学んだことを共有します。他の人の気付きから学んだことがあれば、自分の同行学習シートに追記します。

● **学んだことを上司に報告する**

同行学習シートに基づき、上司に報告しましょう。報連相の練習になります。

こんな同行学習はNG！

事前学習なし：基本情報は理解していくのが礼儀です。

遅刻：お客様や取引先に行くのに遅刻はもってのほかです。

面談中に携帯が鳴る：電源はオフにします。静かなところではマナーモードのバイブもうるさい場合もあります。

名刺が切れちゃった！：多くの人と名刺交換することもあるので、途中で切れないように多めに持参します。

許可なく触る・入る：お客様や取引先で、勝手に触ったり、関係ないところに立ち入らないようにします。

勝手に質問する：お客様の前で先輩に質問したり、お客様に勝手に質問するのはNG！

話を振られたのに無言：新人とわかると声をかけてくれる人もいます。上手に答えられなくても元気に答えるようにします。

(7)同行学習シート

本書の Web サイトからダウンロードして使用してください。

枠が狭くて書ききれない場合は、適宜広げてください。Word 文書で用意しています。

同行学習シート	
部門名（　）　氏名（　）	
同行先	
日時	
集合場所・集合時間	
行き方	
持ち物	
服装	
同行学習の目的	
同行先の情報 事前に調べたことを整理して記入。別紙資料があれば添付。	
先輩の訪問目的 先輩に確認し、できるだけ具体的に記入。	
同行学習ポイント 同行学習の目的に対して、同行時に特に見たい点、学びたい点などを自分なりに整理して記入。	

同行メモ 見学から帰ったら、その場でメモした内容を整理。	
まとめ 同行学習の目的に対してどうだったのか、結果をまとめて記入。	
先輩への質問 質問を箇条書きで簡潔に整理。	
先輩からのコメント 質問への回答 （先輩が記入）	

まとめ

- 同行学習目的を理解し、事前の情報収集に努め、積極的に目で見て学び、有意義に過ごす
- お客様や取引先などの訪問先や、先輩に迷惑をかけないように、十分注意して同行する
- 役に立たなくても当たり前だが、新人らしい態度で、礼儀正しく元気に応対する

chapter 5

3. 業務を体験する

- 現場実習する機会があれば、積極的に参加しよう
- お客様や関係者に迷惑をかけないように、必要な知識とスキルを習得して臨もう

　社内見学や同行学習は、見たり聞いたりして学ぶのが中心ですが、**自分でもやってみるのが現場実習**です。比較的長い期間（数日〜数か月）で行われるケースが多いです。現場実習は、実際に自分で業務を行うので、必要な知識やスキルを事前に習得する必要があります。実習させてくれる**現場の人たちに迷惑をかけない**ように、事前の教育には真剣に取り組みましょう。

(1) 現場実習の流れ

　現場実習をするとき、対象業務や目的によっても違いますが、概要は以下のとおりです。

現場実習目的を明確にする

情報収集する
●実習する予定の業務について、上司・先輩に概要を確認し、心構えを持つ

現場実習の準備をする
●集合場所、集合時間、行き方、服装、持ち物などを確認する ●現場実習に必要な知識・スキルについて、事前の教育を受ける

現場実習する
●お客様や取引先に迷惑をかけない（外部の方が関わる業務の場合） ●実習に協力してくれる現場の社員に迷惑をかけない ●貴重な機会を有意義に過ごす、が鉄則！

学んだことを振り返る
●現場実習関係者にお礼する（上司や教育担当者の指示に従う） ●学んだことを整理し、追加で不明点があれば調べたり質問する

(2) 現場実習目的を明確にする

　現場実習することで、自分は何を学ぶのか、**学習の目的を明確**にします。それによって、どこに着目したらよいか、事前に心構えができます。業務に対する理解を深めるために、配属前に、自分が担当する業務を体験する場合もあれば、他の業務を体験することもあります。自分とは違う業務を体験するときは、自社のビジネス全体の流れのなかで、自分の担当業務との関係を考えて臨みます。例えば、自分が営業職だったら、開発や製造は前工程になります。工場で製造ラインの業務を体験して、自分が売るものがどうやって製造されているのかを知れば、製品への愛着が増したり、お客様から製品に対する要望を聞いたときに積極的に開発や製造に情報を伝えたいと思うなど、連携する気持ちが湧くでしょう。

（3）情報収集する

　詳しい情報は、事前の業務知識・スキルの研修があれば説明してもらえますが、心構えを持つために、**事前にできる範囲で情報収集**します。会社によっては「新人は、○○業務を体験するのが恒例行事」という場合もあるので、上司や先輩に聞いてみるとよいでしょう。

（4）現場実習の準備をする

　現場実習するときは、以下の準備をします。これ以外にも、特別な準備が必要な場合があるので、必ず上司、先輩、教育担当者などに事前に確認します。

● 集合場所、行き方を確認する

　現地集合の場合は、交通手段や所要時間を確認します。万一何らかの事情で遅れる場合を想定し、現場実習先の担当者の連絡先（電話番号やメールアドレス）を控えておきます。

● 持ち物を揃える

　社員であることを証明するもの（社員証など）、名刺、事前に収集した資料、ノートやメモ帳、筆記用具、その他、業務を行ううえで必要なものなどをビジネスバックに入れて持ちます。

● 服装を確認する

　現場実習の内容によって、指示されたとおりの服装で行きます。営業実習などお客様先に伺う業務の場合は、原則、スーツ着用で、ビジネスマナーに則った身だしなみを心がけます。

● 事前教育がある場合は、必要知識・スキルを習得して臨む

　現場実習に行った先で教えてもらう場合もありますが、行く前に事前教育があるなら、必要知識・スキルをしっかり習得しましょう。皆さんにとっては研修の一環でも、実習を行う現場では、**真剣なビジネスの場**です。

（5）現場実習する

　現場実習で重要なことは、**訪問先のお客様や取引先に迷惑をかけない**（外部の方が関わる業務の場合）、**実習に協力してくれる現場の社員に迷惑をかけない**、**貴重な機会を有意義に過ごす**、の3点です。社内見学や同行学習と違って、自分で業務を行うので、ミスをすると大変な迷惑をかけます。指導してくれる人の指示に従って、行いましょう。

　当日、現場に出かけるときの注意点は、以下のとおりです。

● 時間に余裕を持って行動する

　慣れないことが多いので、何事も余裕を持って早めに行動して、時間厳守します。

● **勝手に判断しない**

少しでもわからないことがあったら、勝手に判断せず、指導してくれる人に確認します。

● **積極的に質問する**

質問してよいタイミングには、積極的に質問して業務に対する理解を深めます。現場実習の場を与えてもらえるのは、多くの場合、新人のときだけです。有意義に過ごしましょう。

● **感謝の気持ちを表す**

現場実習に協力してくれた社外の方、先輩社員に、感謝の気持ちで接しましょう。

（6）学んだことを振り返る

現場実習を終えたら、学んだことを整理します。振り返りの注意点は以下のとおりです。なお、長期間の現場実習では、実習先で日報や週報など、報告を行う場合もあります。

● **現場実習先にお礼をする**

上司や教育担当者に、お礼の連絡方法やタイミングを相談してください。通常は、社内ですからメールなど簡単でよいですが、現場実習終了後、早めにお礼の連絡をします。複数名で行った場合はバラバラにせず、まとめてします。

● **学んだことを整理する**

現場実習シート（次ページ参照）に記入します。

● **学んだことを共有する**

複数名で現場実習した場合は、各自が学んだことを共有します。他の人の気付きから学んだことがあれば、自分の現場実習シートに追記します。

● **学んだことを上司に報告する**

現場実習シートに基づき、上司に報告しましょう。報連相の練習になります。

こんな現場実習はNG！

知識不足・スキル不足：事前に学べる必要知識やスキルはしっかり習得しておきます。

遅刻：現場実習をさせてもらう身で、遅刻はもってのほかです。

場違いな服装：指定された服装厳守、ビジネスマナーに則って、恥ずかしくない服装にします。

許可なく触る・入る：勝手に触ったり、関係ないところに立ち入らないようにします。

勝手に判断する：実習中の立場で、勝手な判断は禁物です。指導してくれる人に確認します。

いい加減な態度：どうせ自分が担当する業務じゃないから…といい加減な態度はNGです。

交流しない：せっかくの実習の場、多くの先輩社員と交流しましょう。

やりっぱなし：たとえ短期間でも自分がやったことに責任を持ちましょう。引き継ぎはしっかりとします。

（7）現場実習シート

本書の Web サイトからダウンロードして使用してください。

枠が狭くて書ききれない場合は、適宜広げてください。Word 文書で用意しています。

まとめ

- 目的を理解し、必要知識やスキル習得に努め、積極的に体験して学び、有意義に過ごす
- 現場実習先に迷惑をかけないように、指導する人の指示に従う
- 新人らしい態度で、礼儀正しく、元気に取り組む

積極的に社外に出よう！　異業種交流の勧め

皆さんは、社外にどのくらい知り合いや友人がいますか？

学生時代からの友人はもちろんですが、入社後に仕事をとおして知り合って交流がある人はどのくらいいますか？

若いうちは、自分の仕事で忙しく過ごしていると、自社内でのコミュニケーションが中心になり、気が付くと世界が狭くなっていることがよくあります。学生時代の友人とすら、なかなか会えないという人もいるでしょう。しかし、若い時こそ、**多くの社外の人との交流が大切**です。異業種に働く知り合いや友人と、積極的に交流し、情報交換して自分の世界を広げましょう。社外に出て、他の会社の人と話すことで、外からは自社がどう見えているのか、他社と比べて自社はどうなのか、自分の考え方や仕事への取り組み、学びへの取り組みはどうなのかなど、さまざまなことが見えてきます。「自社のこういう点は、当たり前だと思っていたけど、外から見れば進んでいるんだな（あるいは、遅れているんだな）」「私はこういう点で行き詰まっていたけど、こういう解決方法もあるんだ」「こういう悩みは、他の人も同じなんだな」「他の人は、こういうことを勉強しているのか。私も頑張らなくちゃ！」と刺激になることも多いでしょう。

自分の仕事をもっと効果的に進めるアイデアを社外に求めるのもよい方法です。他社で同じ職種・役割を担っている人たちと交流することで、「他社ではそういう取り組みをしているのか」「そんなアイデアがあるのか」「うちではこういう工夫をしている」と役立つ情報をたくさん交換できます。もちろん、**社外秘情報は公開できないの**で、社内の話を外部に発信するときは、上司に相談し、十分注意します。

そうした異業種交流の場をどうやって持つか、方法はたくさんあります。ひとつには、学生時代の友人の伝手をたどって、交流の場を設定することです。また、自分と同じ分野に興味がある人と知り合いになるには、そのテーマに関する各種の公開セミナー（無料のものもたくさんあります）に足を運び、主催者や近くに座った人と積極的に名刺交換し、交流してみたい人と知り合えたら、それをきっかけに情報交換をお願いする方法も有効です。他社で同じ職種・役割の人たちと知り合うのも、**外部研修**や**公開セミナーの場**が適しています。営業であれば、営業力を強化する研修に出ると、さまざまな業種の営業に出会えるでしょう。人事・教育なら、人材開発に関する公開セミナー、情報システムなら ICT に関する公開セミナーに行けば、同じような役割と課題を持っている人たちが集っています。そうした場で、積極的に話しかけて名刺交換することです。講演を聞きに行って、もっと話が聞きたいと思うなら、講演者や主催者と名刺交換するのも、きっかけ作りになります。社会人同士で名刺交換を求めるのは、何らおかしなことではありません。遠慮せず、自分から動いてみましょう。

第**6**章 現場での実践に向けて

ここまで学んできたことを体得し、仕事のなかで活かすには、PDCA（Plan Do Check Act）を回しながら実践あるのみです。上司や先輩の指導を受けながら、どう実践していくのか、計画を立てて、実行し、振り返り、次につなげることを考えましょう。

1.新入社員研修まとめ
2.期待役割とコミットメント

1. 新入社員研修まとめ

- ここまで学んできたことを振り返り、再確認しよう
- 忘れていること、不安があることがあれば、復習したり質問しよう

これまで学んできたことを振り返りましょう。

（1）なぜ働くのか？

第1章では、社会人としての心構えと、人生設計やキャリアプランについて学びました。学生時代とは違う、社会人として持つべき心構えは以下の3つです。

- 多様な人々と協力する
- 役割を果たして貢献する
- 仕事をとおして成長する

人生設計やキャリアプランは、この先、**タイミングを決めて定期的に**考えましょう。年に1回キャリア開発計画を立てて、上司と面談する制度がある会社もありますが、そうした制度がなくても、自分でタイミング（お正月、誕生日など）を決めて考えましょう。誰のためでもない自分自身のことですから、**どういう自分になりたいか**、自分と対話してください。

（2）自社を知る

第2章では、自社は何を目指しているのか（経営理念や経営方針など）、そのためにお客様や社会に何を提供し、どうやって利益を得ているのか、そのために社内はどういう体制になっているのか、自社について学びました。

- 経営理念は、すべての行動の軸となるものです。暗記しましょう。
- 経営方針は、一定の期間で変わっていくので、最新情報を頭に入れましょう。
- 提供価値（商品やサービスなど）は、徹底的に勉強し続けましょう。
- ビジネスモデルや組織体制は変わっていくので、最新情報を頭に入れましょう。

経営理念や経営方針は、経営層から社員全員へのメッセージとして最も重要であり、組織の一員として確実に理解すべきことです。暗記して言えるだけでなく、その意味をよく考えて心に刻みましょう。自社の提供価値に興味を持って学ぶのも当然のことです。ビジネスモデルや組織体制を知るのは、自分の役割や責任を理解するために大切です。

これらは、いずれも基本中の基本であるにもかかわらず、皆さんの先輩たちも案外理解不足な人が多いものです。逆に言えば、これらを徹底して理解している人は、ビジネスパーソンとして一歩リードできるといえます。

(3) 社会人の基礎知識

第3章では、日本の商習慣に基づき、基本となるビジネススキルを学びました。以下の項目について、**現時点での自分の状態をチェック**しましょう。2点以下の項目は第3章で復習し、わからないことは調べたり、上司や先輩に質問して疑問を解消します。

（実践度・理解度 100％）	常に実践している、理解している	5点
（実践度・理解度 80％）	ほぼ実践している、ほぼ理解している	4点
（実践度・理解度 60％）	ときどき実践できないときがある、一部理解不足	3点
（実践度・理解度 40％）	実践できないほうが多い、わからないことが多い	2点
（実践度・理解度 20％）	ほとんど実践できない、ほとんどわからない	1点
（実践度・理解度 0％）	実践していない、わからない	0点

項目		点数
挨拶・言葉遣い	出社・退社・外出・帰社のタイミングで、大きな声でさわやかに挨拶する	
	自己紹介を求められたら、その場に合った長さ・内容のトークをする	
	敬語やビジネス表現を自然に使って話す	
身だしなみ	清潔感があり、どういう年代の人から見てもおかしくない身だしなみになっている	
	TPO に合った身だしなみになっている	
基本マナー	始業時間より早めに出社して、余裕を持って仕事を開始する	
	帰宅前には机の上を片づけて、明日の予定を確認してから仕事を終了する	
	外出・離席時には、簡単に机の上を片づけて、周囲に居場所がわかるようにする	
	やむを得ず遅刻するときはすぐに連絡する（連絡方法を知っている）	
	早退・休暇は、原則として事前に申請する（申請方法を知っている）	
	オフィス、廊下、エレベーターなど、公私をわきまえた振る舞いをする	
	テレワークするときは、勤怠管理や業務報告などのルールを守る（ルールを理解している）	
	さまざまなビジネスシーンで、上座・下座がわかる	
報連相	報連相は、上司や先輩に促される前に、率先して自分から行う	
	相手にとって重要な情報を整理して、正確・簡潔・わかりやすく伝える	
	相談するときは、自分なりの解決策を考えてから相談する	
	内容の緊急度・重要度によって、適切なタイミングを見計らって伝える	
文書・メール・電話	ビジネスメールの基本マナーを守って活用する	
	受け手に読んでもらいやすい件名や本文の書き方がわかる	
	ビジネス文書の基本フォーマットを見ながら、ルールどおりに文書が作成できる	
	電話を受けるとき、電話をかけるとき、定番トークをスラスラ言える	
面談	他社に訪問するときの立ち居振る舞いがわかる	
	名刺交換の順序とルールがわかり、自然に名刺交換できる	
	面談時間を有効に使って、用件を伝え、話し合い、決定事項を念押しできる	
プレゼン	企画段階では、目的とゴールを明確にして、ストーリーを組み立てる	
	準備段階では、資料を作成し、トークシナリオと時間配分を決めてリハーサルをする	
	実施段階では、誠意と熱意をもって、聞き手に信頼感を与えるプレゼンができる	
	プレゼン終了後は、確実なフォローと振り返りによって次につなげる	
ITツール・情報活用	仕事に役立つ情報をスピーディ＆効率的に収集する自分なりの手段を持っている	
	業務で使用するパソコン・携帯電話・スマートフォンなどは取扱いに注意する	
	Word/Excel/PowerPoint など、よく使用するソフトウェアの使い分けがわかる	
	職場の情報セキュリティ対策方法について理解している	

（4）社会人の基礎能力

　第4章では、社会人基礎力について学びました。社会人基礎力は、基礎学力や専門スキルなどを活かし、人々と関わりながら仕事をするときに重要な力であり、3つの能力、12の能力要素から構成されています。いずれも一朝一夕で強化できる能力ではなく、これから現場で実践しながら体得していくものです。

- **前へ踏み出す力**　主体性、働きかけ力、実行力
- **考え抜く力**　　　課題発見力、計画力、創造力
- **チームで働く力**　発信力、傾聴力、柔軟性、情況把握力、規律性、ストレスコントロール力

（5）現場での学び

　第5章では、座学ではなく、社内を見学したり、先輩に同行したり、業務を体験するなど、現場で学ぶときのポイントや注意点を確認しました。新入社員研修が終わった後は、仕事のなかで上司や先輩に同行したり、**OJT（On the Job Training: 仕事のなかで学ぶこと）**を受けながらひとつの仕事を一緒にするといった現場での学びが中心です。上司や先輩は、皆さんに教えるために、ひとりで行うより多くの工数をかけて業務を行うことになります。工数を割いて現場で学ぶ機会を与えてくれる上司や先輩に感謝し、それを活かせるように、**目的を理解**し、**十分な準備**を行い、少しでも多くのことを吸収しましょう。

（6）成長が早い人と遅い人の違い－PDCA

　仕事を始めると、そのなかで成長していくのは自分の取り組み方次第です。成長が早い人と遅い人の違いはいろいろありますが、一番大きいのは「PDCAを回す」意識と行動の有無です。PDCAとは、**Plan**（計画）、**Do**（実行）、**Check**（確認）、**Act**（次につなげる改善）の頭文字をとった略語です。計画を立てて、実行し、結果を確認し、問題があれば対策を打ったり次につなげる改善を行う、というプロセスを指し、**PDCAサイクル**と呼ばれます。また、このプロセスを繰り返すことを「**PDCAを回す**」といいます。PDCAを回しながら仕事ができる人は、行き当たりばったりではなく、経験したことを整理して次につなげるので、同じ失敗を繰り返しにくく、似たようなシチュエーションに遭遇したときにも応用ができます。誰でも、初めてやる仕事は、どういう手順でやるのか、どこがポイントなのか、人に教わりながら手探りでやるので、終わってみると反省点が多いはずです。それをそのままにせず、業務手順やスムーズに進めるためのポイントなど**仕事をとおして学んだ知恵を記録**し、失敗した点はどうすればよかったか**改善策**を考え、次はもっと効率的・効果的にできるように工夫します。

考えてみよう ....

新入社員研修をとおして、あなた自身が成長したと思うことは何ですか？

マインド（心構えや気持ち）、知識、行動など、さまざまな面から振り返ってみましょう。

　　　書き出したことを新入社員同士で共有しましょう。

　　　お互いに社会人として成長できた点を「こういうところがよい」「こういうところが変わった」などフィードバックしましょう。成長を認め合うことで、次のステップに行く勇気が湧きます。

　　　他の人からのフィードバックを受けて、気が付いたことがあれば書き出しましょう。

2. 期待役割とコミットメント

> ● 現在の期待役割を理解し、役割を果たすために何をするか、コミットメントしよう

　一般的に、入社3年間を新入社員のフォローアップ期間として、育成に力を入れる企業が多いので、本書も3年間フォローできるようにしてあります。

（1）若手フォローアップの流れ

　次ページの「若手育成シート」と、本書のWebサイトからダウンロードできる「若手スキルチェックシート」を使って、上司と相談しながら進めるのがポイントです。積極的に指導をお願いしましょう。

---

0. 研修時のレベルをチェックする（若手スキルチェックシート）
① 若手スキルチェックシート「本人評価入力用」に研修時のレベルを入力する。
　－　ビジネススキルの「研修時」欄に、第6章1-(3)で自己評価した点数を記入する。
　－　社会人基礎力の「研修時」欄に、現在の状態を自己評価する。
② 自己評価が適切かどうか、現在の指導者（教育担当者、上司、先輩など）にチェックしてもらう。

---

1. コミットメントを明確にする（若手育成シート）
① 若手育成シート：1年目の＜期待役割＞＜強化ポイント＞を上司に記入してもらう。
② 若手育成シート：1年目の＜私のコミットメント＞＜コミットメントを果たすための具体的施策＞を記入する。

---

2. 上司と面談する
① 若手育成シート：1年目を見ながら、内容を共有する。
② 面談後、＜支援コメント＞を上司に記入してもらう。

若手育成シートに沿って1年間　実践する

---

3. 1年後の結果を記入する（若手育成シート）
① 若手育成シート：1年目の＜結果-本人＞を記入する。

---

4. 1年後のレベルをチェックする（若手スキルチェックシート）
① 若手スキルチェックシート「本人評価入力用」の1年後欄を入力して、上司に渡す。
② 若手スキルチェックシート「上司評価入力用」の1年後欄を記入してもらう。

---

5. 上司と面談する
① 若手育成シート：1年目、若手スキルチェックシートを見ながら、内容を共有する。
② 若手スキルチェックシート「評価確定用」の1年後欄を一緒に確認しながら入力する。
　本人と上司の評価点が違うところは、特によく話し合う。
③ 面談後、若手スキルチェックシートの「レポート1年後」の1年後総合コメント（本人）を記入して上司に渡す。
④ 面談後、若手スキルチェックシートの「レポート1年後」の1年後総合コメント（上司）と、
　若手育成シート：1年目の＜結果-上司＞を上司に記入してもらう。

2年目、3年目も、1〜5を繰り返す

● 若手育成シート：1年目

＜期待役割＞ 組織があなたに求める役割（上司が記入）
＜強化ポイント＞ 役割を果たすために強化してほしいマインド・知識・能力（上司が記入）
＜私のコミットメント（約束・決意表明）＞ 期待役割と強化ポイントに対して、何をどこまでやるか
＜コミットメントを果たすための具体的施策＞ どうやってやるのか、いつまでにやるのか、具体策を書く
＜支援コメント＞ 役割を果たす・強化ポイントを強化するために上司として何をするか（上司が記入）
＜結果－本人＞ コミットメントに対して、どうだったか、1年後に記入）
＜結果－上司＞ コミットメントに対して、どうだったか、1年後に記入（上司が記入）

● 若手育成シート：2年目

<期待役割>組織があなたに求める役割（上司が記入）

<強化ポイント>役割を果たすために強化してほしいマインド・知識・能力（上司が記入）

<私のコミットメント（約束・決意表明）>期待役割と強化ポイントに対して、何をどこまでやるか

<コミットメントを果たすための具体的施策>どうやってやるのか、いつまでにやるのか、具体策を書く

<支援コメント>役割を果たす・強化ポイントを強化するために上司として何をするか（上司が記入）

<結果ー本人>コミットメントに対して、どうだったか、1年後に記入）

<結果ー上司>コミットメントに対して、どうだったか、1年後に記入（上司が記入）

● **若手育成シート：3年目**

<**期待役割**>組織があなたに求める役割（上司が記入）

<**強化ポイント**>役割を果たすために強化してほしいマインド・知識・能力（上司が記入）

<**私のコミットメント（約束・決意表明）**>期待役割と強化ポイントに対して、何をどこまでやるか

<**コミットメントを果たすための具体的施策**>どうやってやるのか、いつまでにやるのか、具体策を書く

<**支援コメント**>役割を果たす・強化ポイントを強化するために上司として何をするか（上司が記入）

<**結果－本人**>コミットメントに対して、どうだったか、1年後に記入）

<**結果－上司**>コミットメントに対して、どうだったか、1年後に記入（上司が記入）

（2）若手スキルチェックシート

若手フォローアップの流れで説明したとおり、新入社員研修で学んだ基礎知識としての
ビジネススキルや、社会人基礎力について、習得度を定期的にチェックします。

1. 本書の Web サイトからダウンロードした「若手スキルチェックシート」を開きます。
2. 「本人評価入力用」シートに、自己評価を記入します。

3. 上長は、本人の自己評価を見ながら、上長評価を記入します。

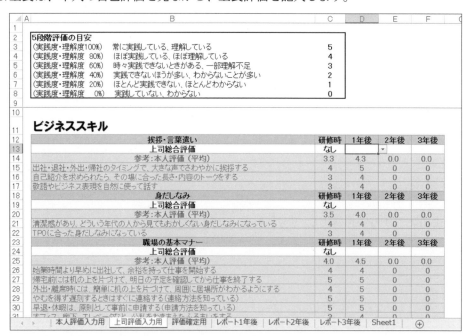

4. 上司との面談の場で、話し合って評価を確定します。特に、本人と上司の評価が違う場合は、よく話し合ってください。

5. 結果がグラフ化されて「若手スキルチェックレポート」が自動作成されます。

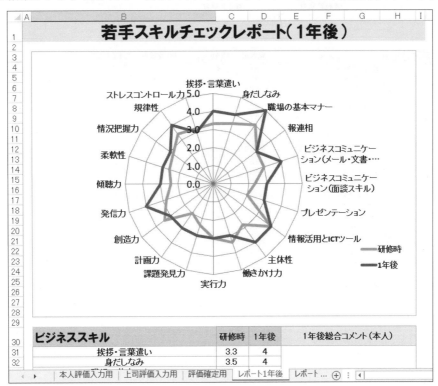

6.1年間を振り返って、○年後総合コメント（本人）を記入します。

　その後、上司にも、○年後総合コメント（上司）を記入してもらいます。

　スキルチェックレポートは、3年後まで用意してあります。

若手スキルチェックレポート（1年後）

ビジネススキル	研修時	1年後	1年後総合コメント（本人）
挨拶・言葉遣い	3.3	4	
身だしなみ	3.5	4	
職場の基本マナー	4.0	5	
報連相	3.0	3	
ビジネスコミュニケーション（メール・文書・電話）	3.0	4	
ビジネスコミュニケーション（面談スキル）	2.3	3	
プレゼンテーション	2.0	3	
情報活用とICTツール	4.0	4	
社会人基礎力：前に踏み出す力	**研修時**	**1年後**	
主体性	2.8	4	
働きかけ力	3.4	3	
実行力	3.0	3	
社会人基礎力：考え抜く力	**研修時**	**1年後**	1年後総合コメント（上司）
課題発見力	2.4	3	
計画力	2.0	3	
創造力	3.4	3	
社会人基礎力：チームで働く力	**研修時**	**1年後**	
発信力	2.8	4	
傾聴力	2.4	3	
柔軟性	2.6	3	
情況把握力	2.8	3	
規律性	3.4	4	
ストレスコントロール力	3.2	3	

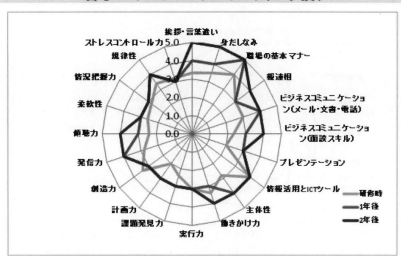

若手スキルチェックレポート（2年後）

ビジネススキル	研修時	1年後	2年後	2年後総合コメント（本人）
挨拶・言葉遣い	3.3	4	5	
身だしなみ	3.5	4	5	
職場の基本マナー	4.0	5	5	
報連相	3.0	3	4	
ビジネスコミュニケーション（メール・文書・電話）	3.0	4	4	
ビジネスコミュニケーション（面談スキル）	2.3	3	4	
プレゼンテーション	2.0	3	3	
情報活用とICTツール	4.0	4	4	
社会人基礎力：前に踏み出す力	**研修時**	**1年後**	**2年後**	
主体性	2.8	4	4	
働きかけ力	3.4	3	4	
実行力	3.0	3	3	
社会人基礎力：考え抜く力	**研修時**	**1年後**	**2年後**	2年後総合コメント（上司）
課題発見力	2.4	3	3	
計画力	2.0	3	3	
創造力	3.4	3	3	
社会人基礎力：チームで働く力	**研修時**	**1年後**	**2年後**	
発信力	2.8	4	4	
傾聴力	2.4	3	4	
柔軟性	2.6	3	3	
情況把握力	2.8	3	3	
規律性	3.4	4	4	
ストレスコントロール力	3.2	3	3	

若手スキルチェックレポート（3年後）

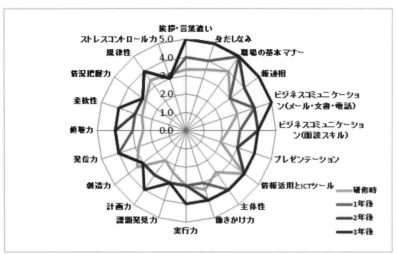

ビジネススキル	研修時	1年後	2年後	3年後	3年後総合コメント（本人）
挨拶・言葉遣い	3.3	4	5	5	
身だしなみ	3.5	4	5	5	
職場の基本マナー	4.0	5	5	5	
報連相	3.0	3	4	5	
ビジネスコミュニケーション（メール・文書・電話）	3.0	4	4	5	
ビジネスコミュニケーション（面談スキル）	2.3	3	4	4	
プレゼンテーション	2.0	3	3	4	
情報活用とICTツール	4.0	4	4	4	
社会人基礎力：前に踏み出す力	**研修時**	**1年後**	**2年後**	**3年後**	
主体性	2.8	4	4	4	
働きかけ力	3.4	3	4	4	
実行力	3.0	3	3	4	
社会人基礎力：考え抜く力	**研修時**	**1年後**	**2年後**	**3年後**	3年後総合コメント（上司）
課題発見力	2.4	3	3	3	
計画力	2.0	3	3	4	
創造力	3.4	3	3	3	
社会人基礎力：チームで働く力	**研修時**	**1年後**	**2年後**	**3年後**	
発信力	2.8	4	4	4	
傾聴力	2.4	3	4	4	
柔軟性	2.6	3	3	4	
情況把握力	2.8	3	3	3	
規律性	3.4	4	4	4	
ストレスコントロール力	3.2	3	3	3	

索引

●著者紹介

山﨑 紅（やまざき あかし）

人材開発コンサルタント。富士ゼロックス株式会社（現 富士フイルムビジネスイノベーション株式会社）にて、ドキュメントコンサルティングに従事後、営業本部ソリューション営業力強化チーム長として課題解決型営業育成、人事本部人材開発戦略グループ長として全社人材開発戦略立案・実行を担当。その後、変革マネジメント部にて全社改革プロジェクトリーダーとして、コミュニケーション改革、働き方改革に従事したのち独立。コミュニケーションと人材を切り口に企業改革を進めるコンサルタントとして活動中。官公庁、民間企業、大学など幅広く指導。主な著書に「授業・セミナー・会議の効果を上げる オンラインコミュニケーション講座」「持続可能な私たちの未来を考えるSDGsワークブック」「求められる人材になるための社会人基礎力講座 第2版」「選ばれる人材になるための職業能力開発講座 ビジネス基礎知識編 第2版」「小学生からはじめる 考える力が身につく本－ロジカルシンキング－」がある。

成蹊大学 経営学部 客員教授
一般社団法人 社会人基礎力協議会 理事 研究委員会副委員長
一般社団法人 日本テレワーク協会 アドバイザー
東京都 テレワーク導入・運用課題解決サポート事業 コンサルタント
経済産業省推進資格 ITコーディネータ
デジタル庁 デジタル推進委員
一般社団法人 日本経営協会認定 情報資産管理指導者

■本書についての最新情報、訂正、重要なお知らせについては下記 Web ページを開き、書名もしくは ISBN で検索してください。ISBN で検索する際は－（ハイフン）を抜いて入力してください。

　　　https://bookplus.nikkei.com/catalog/

■本書に掲載した内容についてのお問い合わせは、下記 Web ページのお問い合わせフォームからお送りください。電話およびファクシミリによるご質問には一切応じておりません。なお、本書の範囲を超えるご質問にはお答えできませんので、あらかじめご了承ください。ご質問の内容によっては、回答に日数を要する場合があります。

　　　https://nkbp.jp/booksQA

社会人基礎力を鍛える

新人研修ワークブック　第2版

2014年 3月10日　初版第1刷発行
2021年 3月15日　第2版第1刷発行
2023年 3月 3日　第2版第2刷発行

著　　　者　　山﨑 紅
発 行 者　　村上 広樹
発　　　行　　日経BP
　　　　　　　東京都港区虎ノ門4-3-12　〒105-8308
発　　　売　　日経BP マーケティング
　　　　　　　東京都港区虎ノ門4-3-12　〒105-8308
装　　　幀　　斉藤 重之
DTP制作　　持田 美保
印刷・製本　　大日本印刷株式会社

・本文中に記載のある社名および製品名は、それぞれの会社の登録商標または商標です。
　本文中では®および™を明記しておりません。

・本書の例題または画面で使用している会社名、氏名、他のデータは、一部を除いてすべて架空のものです。

ISBN978-4-296-07002-2　　Printed in Japan